O GWR Y LÔN GOED

Robin Williams

Argraffiad cyntaf — Tachwedd 1996

ISBN 1 85902 437 8

Dymuna'r cyhoeddwyr gydnabod cymorth Adrannau Cyngor Llyfrau Cymru.

Argraffwyd gan
Wasg Gomer, Llandysul, Ceredigion

I gofio

John Tŷ Lôn—
'enaid hoff, cytûn'

CYNNWYS

RHAGAIR

Yn ystod ugeiniau'r ganrif ddiwethaf, bu llawer sôn a siarad am 'Ffordd Maughan' fel y cyfeirid ar y cychwyn at y Lôn Goed. Am i gynifer ramantu yn ei chylch a chanu amdani, tybiais y byddai'n ddiddorol rhoi peth o hanes 'creu' y ffordd enwog honno, a sôn ychydig am y gwŷr llên a drigai ar ei hymylon yng nghefn gwlad Eifionydd.

Oedais wedyn i ail-fyw tipyn o'm mebyd ar ei chyffiniau, a'm cael fy hunan yn anochel yng nghoed y Gwynfryn yng nghwmni direidus fy mrawd, Wil. Yr un mor anochel oedd imi ddal unwaith eto ar fy nghyfeillgarwch â John, Tŷ Lôn, oedd yn byw ar gwr pella'r coed.

Dyna hanner cynta'r gyfrol. Am y gweddill, euthum allan o'r fro er mwyn codi trywydd tri gŵr llên arall oedd â rhuddin rhyfedd cefn gwlad yn eu hathrylith hwythau—cewri a adawodd ein cenedl yn llawer cyfoethocach ar eu hôl.

Wrth ailwampio mymryn o ddefnydd a anfonais i gyhoeddiadau eraill, dyma gyfleu gwerthfawrogiad i *Taliesin*, *Y Casglwr* a Gwasg Gee. Carn ddiolch hefyd i Dyfed Elis-Gruffydd am lywio'r gwaith mor ddiffwdan trwy Wasg Gomer, heb anghofio cymorth Cyngor Llyfrau Cymru. Diolch wedyn i'm mab, Dylan, a'i gamera, am amser cofiadwy wrth iddo drysori sawl golygfa o gwr y Lôn Goed ar gyfer y gyfrol hon.

Rhos-lan   *Robin Williams*
1996

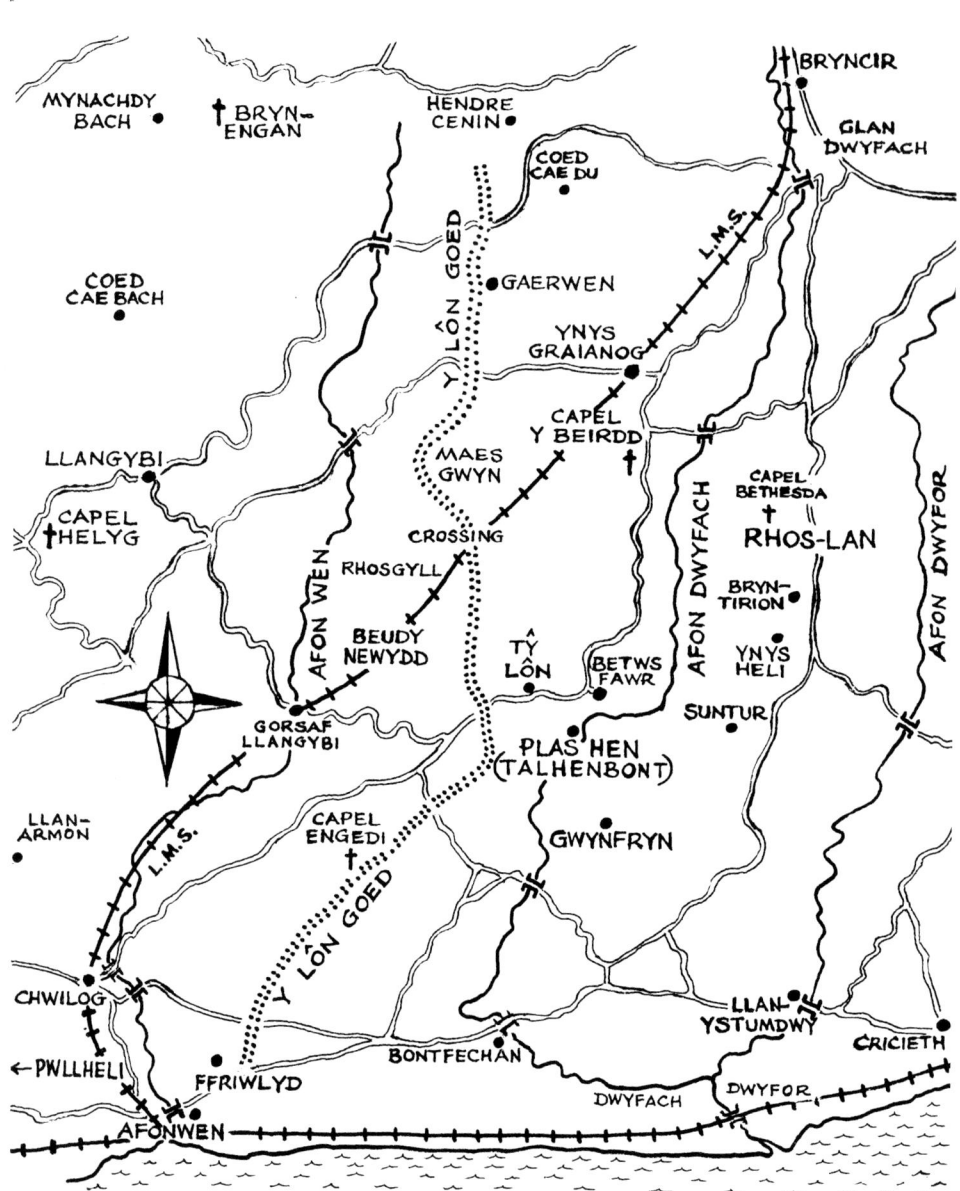

1 Bwriad y map gyferbyn yw rhoi amcan o leoliad y Lôn Goed a'i chwmpasoedd yng nghefn gwlad Eifionydd. Nodais enw sawl ffarm a phenty am fod cyfeirio atyn nhw yn y gyfrol, e.e. Suntur, lle bu Robert Jones, Rhos-lan; y Crossing, lle byddai trên yr L.M.S. yn croesi'r Lôn Goed; Tŷ Lôn, cartref fy nghyfaill J. R. Owen, ynghyd â llawer aelwyd arall.

Afraid yw dweud bod nifer da o gulffyrdd bychain nad wyf wedi'u dangos o gwbl, a hynny'n bennaf am mai bras-fapio'n unig oedd y diben gennyf.

2 Sylwer fel y llifa'r tair afon ar batrwm sy'n cadw'n rhyfeddol o gyfochrog. Gwelir Rhos-lan yn union rhwng y ddwy afon y soniodd Williams Parry amdanyn nhw yn ei gerdd enwog. (Gyda llaw, y ffurf ganddo ef ar enw'r fro honno oedd 'Rhos Lan'.) Mae dwy afon ei gân yn cyfarfod islaw pentref Llanystumdwy gan lifo'n un tua'r môr cyfagos.

3 Yn ystod ail hanner y ganrif ddiwethaf, gosodwyd rheilffordd Cwmni'r L.M.S. i dynnu tua'r gogledd trwy ganol ardal y Lôn Goed. Yn ail hanner ein canrif ni, disgynnodd 'Bwyell Beeching' arni, ac y mae'r rheilffordd honno wedi diflannu ers blynyddoedd lawer. Ond am fod trên yr L.M.S. yn rhan o'n mebyd ni gyda mynych deithio'n digwydd arni, rwyf wedi'i gosod yn amlwg ar y map, pe na bai ond i ddwyn ar gof ei lwybr gynt trwy gefn gwlad Eifionydd. Sylwer hefyd mor bell o'r pentref ei hun yw Gorsaf Llangybi!

Dylid cofio bod trên o gyfeiriad Cricieth am Afon-wen yn dal i fynd hyd heddiw, a daw honno i ben draw eitha'i thaith yng ngorsaf Pwllheli. (Benywaidd fu'r 'trên' bob amser ar dafod ein hardal ni.)

4 Mae'r Lôn Goed wedi'i nodi gennyf gyda rhes o ddotiau dwbl sy'n dilyn ei chwrs o'i man cychwyn yn y Ffriwlyd (Ffriddlwyd) ger Afon-wen nes cyrraedd pen ei siwrnai wrth odre Mynydd Cenin.

Y LÔN GOED

(i)

'Hen, hen yw murmur llawer man
Sydd rhwng dwy afon yn Rhos Lan.'

Y ddwy afon y cyfeiria R. Williams Parry atyn nhw yw
Dwyfach a Dwyfor. Llifa'r naill hyd odreon Bryncir o gyfeiriad
y Graig Goch, a'r llall heibio i Ddolbenmaen o gyffiniau Cwm
Pennant.

Gryn bedair milltir yn is i lawr ar y gwastad rhwng pentre
Llanystumdwy a'r Bontfechan, gwelir cymer y ddwy afon, ac
o'r fan honno ymlaen, Dwyfor sy'n cario'r enw wrth iddi aberu
yn y traeth rhwng Cricieth a thrwyn Penychain.

Afon Dwyfor yn Llanystumdwy

Mae taith afon Dwyfor o'i tharddle ym moelydd Cwm
Pennant yn gyfoethog o amrywiol. Heblaw'r gweiriach a'r
blodau lliwgar sy'n tyfu ar ei cheulennydd, mae yn ei dyfroedd

fagwrfa i bysgod a llysywod a phryfetach heb sôn am greaduriaid fel llygod-dŵr a'r nofiwr hylithr hwnnw, y dyfrgi. O ddeutu'r afon, yn enwedig fel y tewycha twf mangoed a phrysgwydd o'i chwmpas, gellir taro ar y wenci, y mochyn daear (neu'r pry llwyd), y wiwer a'r llwynog.

Mae ganddi hefyd deulu cymysgryw o adar. Pan yw Dwyfor namyn nant swil yn yr ucheldir, caiff gwmni'r ehedydd a'r grugiar a'r gylfinir. Wrth iddi ymledu'n afon, a llifo'n llydan, droellog trwy weirgloddiau a thrwch o goedydd, daw at diriogaeth y sguthan, cnocell y coed a glas-y-dorlan heb anghofio'r crëyr hirbig, hirgoes sy'n pysgota rhwng rhydau lle mae'r cerrig wedi duo gan staen mawnog y mynydd.

Byddai fy hen athro, Syr Ifor Williams, yn dal mai duwies oedd 'Dwy', a bod yr adlais yn eglur yn enw afon Dyfrdwy. (Ychwanegai hefyd mai ffurf ar 'Dwfr' sydd yn yr enw 'Dover' yn Lloegr.) Fodd bynnag, fe gyplwyd enw'r dduwies Dwy wrth yr afonydd sy'n llifo ar ddeutu ardal Rhos-lan. Ac wele gael *dwy* afon 'Dwy', fel petai! Am fod un yn llai na'r llall, cafodd y lleiaf ei hadnabod fel Dwy-fach, a'i phartneres letach,

Afon Dwyfach a phont Rhydycroesau

14

Dwy-fawr. Felly y caed Dwyfach a Dwyfor. Ac yn yr union barth hwnnw o Eifionydd y cyfareddwyd Bardd yr Haf gan yr hen furmur oedd 'rhwng dwy afon yn Rhos Lan'.

Cofiaf Syr Ifor yn manylu ymhellach ar yr enw 'Llanystumdwy', pentref fy mebyd. Roedd wedi sylwi ar y map, meddai ef, fod afon Dwyfor wrth lifo i lawr o Gwm Pennant yn ymddolennu'n bur arw ar ei thaith. 'Ystum' oedd gair yr athro. Gwelai ef yr afon yn ystumio'i ffordd trwy gors y fan yma, a thrwy ddôl y fan draw. 'Ac mi faswn i'n dyfalu,' meddai'r hen Syr, 'i'ch pentre chi gael ei enw o achos ystum afon Dwyfor: the church—Llan, by the twisting—ystum, of the river Dwy. Llanystumdwy.'

Ond i ddod yn ôl at Williams Parry, oedd yntau hefyd yn darlithio i ni, y teitl a roes ef i'r gerdd y dyfynnwyd ohoni uchod oedd 'Eifionydd'. Yn *Cydymaith i Lenyddiaeth Cymru*, bras-nodir Eifionydd fel 'cwmwd yng Ngwynedd yn ymestyn o Bwllheli hyd at gyffiniau Porthmadog, sef hen frenhiniaeth Dunoding.'

Yng nghyswllt Williams Parry, ymddengys ei fod ef wedi oedi yng nghanol union y cwmwd hwn, ac iddo deimlo curiad y galon esmwythaf yng nghwmpasoedd y Lôn Goed. Mynnai fod yno 'flas y cynfyd yn aros fel hen win' gan grynhoi'r profiad yn derfynol â'r llinellau:

A llonydd gorffenedig
    Yw llonydd y Lôn Goed,
O fwa'i tho plethedig
    I'w glaslawr dan fy nhroed.

'Llonydd gorffenedig', dyna'r dweud. Ac eiddo Williams Parry fydd y chwesill yna fyth mwy. Pair pendroni fel hyn i ddyn sylweddoli mor wefreiddiol yw'r cyffro sy'n perthyn i iaith. Ar un wedd, mae geiriau iaith yn eiddo i bawb, a thrwy'r geiriau hynny yr ydym yn ymwneud â'n gilydd mewn siarad a sgrifennu. Yng nghwrs un diwrnod rhwng bore a hwyr, byddwn wedi siarad miloedd o eiriau yng nghlyw'r naill a'r llall gan eu defnyddio'n hollol rydd yn ôl ein ffansi. Trwy eiriau y mynegwn y caredig a'r cynddeiriog, y difri a'r digri, ein serch a'n surni. Mae'r geiriau yno ar gyfer pawb oll, ac y mae gan bobun hawl bersonol arnyn nhw, boed bendefig, boed bedlar.

Eto, y mae eithriad. Gall ambell ddewin drin nifer o eiriau yn y fath fodd fel na faidd neb arall eu defnyddio yn yr union fodd hwnnw. Trwy fflach o athrylith, mae'r llenor wedi llwyddo i hawlio rhai sillafau fel eiddo bythol iddo ef ei hunan. Ac ni all neb fyth wedyn feddiannu'r bwndel hwnnw o eiriau heb fod yn euog o lên-ladrad, onid yw wrth gwrs yn cydnabod hynny trwy air neu ddyfynnod.

Ystyrier y soned 'Rhyfeddodau'r Wawr' gan R. Williams Parry lle mae'n gwylio deffro cynnar plant natur—yn ysguthan, cwningen, draenog a garan. Yn ogystal â bod ei lygad yn gweld hyn oll, mae ei glust hefyd ar waith pan yw'n 'clywed mynyddlais y gwcw yng nghoed yr ardd'.

'Mynyddlais'! Gair cyfansawdd newydd sbon danlli na feddyliodd y Gymraeg erioed amdano o'r blaen. Oni chlywsom ninnau'r gog ar fore tawel yn canu draw yn y bryniau? Deunod digamsyniol eglur, dim ond bod yr acwstig sy'n perthyn i'r mynydd wedi rhoi i'r nodau ryw wawn o feddalwch, onid dirgelwch yn wir. Ond trwy'r bardd yn Williams Parry y daeth 'mynyddlais y gwcw' i'n llên. Ac ni all neb mwyach hawlio'r dweud hwnnw. Nac ychwaith ddwyn ei drosiad aruthr yn yr un un soned: 'trosolion y glaswellt'.

Roedd i'w gefnder, T. H. Parry-Williams, yr un ddewiniaeth wrth drafod geiriau; dawn a dychymyg i glymu gair wrth air nas clymwyd yr un fath gan neb arall o'r blaen. Ar un daith dramor, ceir y bardd o Ryd-ddu yn sefyll uwchben y Grand Canyon gyda 'muriau milltirog' o greigiau'n ymestyn o'i flaen. I lawr yn nyfnderoedd brawychus y gwaelodion, y mae'n sylwi ar afon Colorado'n ysgubo trwy'r hafnau.

Nid rhyw ffrwd bitw mewn ceunant ar ei bwys a welodd Parry-Williams, ond rhyferthwy dyfroedd yn ymgorddi trwy holltau'r graig islaw. At hynny wedyn, fe sylwodd nad dŵr croyw loyw mo'r rhyferthwy odano. Roedd i afon Colorado liw gwahanol, lliw pendant y mynnodd y teithiwr y byddai'n rhaid iddo rywsut neu'i gilydd roi cynnig ar ei ddisgrifio.

Gwyddai'n burion fod rhuthr mor bwerus o lifeiriant yn cludo i'w ganlyn dunelli o ronynnau pridd a thywod a chlai. Bu'n craffu'n daer nes dal ar ddau air: 'baw' a 'melyn'. O'r ddeuair cyffredin hynny, gwnaeth ansoddair cyfansawdd— 'baw felyn'. Am mai afon oedd hi, rhoes ffurf fenywaidd i'w fathiad, sef 'baw felen':

> Ac obry mae Colorado faw
> Felen yn rhuo'n ddistaw ddi-daw.

Nis mynegwyd erioed fel yna o'r blaen. Mae'r disgrifio cynhyrfus wedi'i gyflawni un waith ac am byth, ac ni all neb gipio'r wyrth eiriol arbennig honno oddi arno. Am mai Parry-Williams yn bersonol a'i piau hi: 'Colorado faw felen'!

Felly hefyd y bydd 'llonydd gorffenedig' y Lôn Goed yn eiddo bythol i'w berthynas o Dal-y-sarn yn Nyffryn Nantlle.

Os cododd bröydd Dyffryn Nantlle yn ein canrif ni gewri llên fel y pedwar perthynas, Parry-Williams, Williams Parry, Thomas a Gruffudd Parry, heb anghofio rhai fel Silyn Roberts, Gwilym R. Jones a Mathonwy Hughes, felly hefyd yn y ganrif ddiwethaf y cododd cnwd o wŷr hynod allan o ddaear Eifionydd gan egino'n arbennig yn ardal y Lôn Goed.

Er mai anghyfrifol fyddai gosod y rheini yn yr un dosbarth â'r galluogion cyfoes a nodwyd, eto roedd yn amlwg eu bod hwy wrth eu boddau yn ymhél â'r awen. A'r rhyfeddod yw fod degau eraill (eiddilach efallai) yn bras-englyna a nyddu penillion, er bod rhai o'r rheini, mae'n rhaid cyfaddef, yn ddigon talcen-slip.

Yn ei gyfrol *Beirdd Gwerin Eifion*, noda'r hynafiaethydd, Cybi (yntau hefyd o'r cwmpasoedd hynny), fod hanner cant a mwy o brydyddion felly ar hyd a lled y fro. Gan dderbyn mai rhigymllyd ac ystrydebol yw llawer o'r ymdrechion hynny, y syndod o dan y cyfan yw fod y wefr farddoni mor gyhyrog yn awyr cefn gwlad Eifionydd.

O'r tryblith penillion yn ei lyfr, fe lwyddodd Cybi i dynnu gem dethol ryfeddol o ganol y gwymon (fel y buasai Goronwy Owen yn awgrymu) sef englyn o waith Tegidon a geir ar garreg fedd tad a mab ym mynwent Llanycil ar gyrion tre'r Bala:

> Yr eiddilaidd ir ddeilen—a syrthiai
> Yn swrth i'r ddaearen;
> Yna y gwynt, hyrddwynt hen,
> Ergydiai ar y goeden.

Yn awr, yn enw tegwch, dylid nodi mai gŵr o Feirionnydd oedd y bardd hwnnw, John Phillips (neu Tegidon) a ddaeth o'r Bala i Borthmadog fel goruchwyliwr Cwmni Llechi ar bwys yr harbwr. Ond trwy groen ei ddannedd y beiddiodd Cybi hawlio Tegidon fel un o 'Feirdd Gwerin Eifion'!

Pwy, ynteu, oedd y gwŷr a enwogodd y parth hwn ar ffiniau'r Lôn Goed? Fel rheol, y saith canlynol sy'n gwisgo'r llawryf: Robert Jones, Robert ap Gwilym Ddu, Pedr Fardd, Dewi Wyn, Siôn Wyn, Eben Fardd a Nicander. Mewn rhyw ffordd, roedd blynyddoedd y saith hyn yn trawslapio'r naill fardd dros y llall, gyda nifer ohonyn nhw'n ffrindiau calon ac yn ymwneud llawer â'i gilydd. Wrth i'r ganrif ddiwethaf fynd rhagddi, roedd gorchestion 'Beirdd y Lôn Goed', fel y cyfeirir atyn nhw bellach, wedi hydreiddio fel lefain trwy ymwybyddiaeth y trigolion gyda phob un mewn rhyw ffordd neu'i gilydd â 'chrap ar y pethe'. Wele fras-nodiad am y seithgwr mwyaf gwybyddus:

Robert Jones. 1745-1829. Ganed yn y Suntur, Rhos-lan. Bu'n frwd gyda'r cyffro Methodistaidd gan ymroi i sefydlu ysgolion cylchynol ar draws y gogledd ac yn weithgar ym Mrynengan lle bu Howel Harries ar ymweliad. Dylid cydnabod fod Robert Jones yn fwy o ysgrifennwr rhyddiaith nag o fardd, fel y dengys ei lyfrau *Lleferydd yr Asyn*, ac yn arbennig *Drych yr Amseroedd*. Yn 1795, cyhoeddodd gasgliad o emynau, *Grawn-syppiau Canaan*. Crynswth y gyfrol yw detholiad o emynau

Pantycelyn yn bennaf o ddigon, er iddo ar dro gyplu ambell emyn o eiddo Williams gyda phennill o waith Morgan Rhys. At hynny, bu mor hy â newid y gwreiddiol hwnt ac yma (er gwaeth, bid siŵr) fel y mae'n lled-addef yn y 'Rhagymadrodd': '. . . yn enwedig y geiriau nad oeddynt arferedig yng Ngwynedd; oblegid i'r rhan honno o'r dalaith y bwriadwyd y gorchwyl.'

Aeth i fyw i Dŷ'n Bwlcyn yn ardal Dinas, gwlad Llŷn, ac yno y bu farw. Fe'i claddwyd ym mynwent eglwys Llaniestyn, a rhoed llechfaen yn goffa amdano ar fur 'Bethesda', capel yr Annibynwyr yn Rhos-lan.

Robert ap Gwilym Ddu

Robert Williams (*Robert ap Gwilym Ddu*), *1766-1850*. Ganed yn y Betws Fawr o deulu amaethwr eithaf cefnog a ddaeth i'r fro o Feirionnydd. Ef oedd y mwyaf graenus o feirdd y Lôn Goed, gyda rhai o'i emynau'n fyw ar gof y genedl, fel 'Mae'r gwaed a redodd ar y groes . . .' Roedd yn feistr ar y mesurau caeth ac yn englynwr gwironeddol gywrain. Pan briododd, yn ŵr canol oed, a cholli'i unig ferch, Jane, yn 17eg oed, saernïodd awdl goffa gaboledig amdani, sy'n cynnwys ceinder o'r math hwn:

Ymholais, crwydrais mewn cri—och alar!
Hir chwiliais amdani;
Chwilio'r celloedd oedd eiddi,
A chwilio heb ei chael hi.

Wrth bendroni ynghylch heneiddio, fel hyn y sonia am
ddiflaniad ei flynyddoedd:

Fel y niwl o afael nant
Y dison ymadawsant.

Er ei fynych bruddglwyf, agorai ei aelwyd yn llawen i
groesawu cymdogion, lle byddai'n eu dysgu am farddoniaeth,
cerddoriaeth a sawl gwedd arall ar ddiwylliant. Tua diwedd ei
oes, symudodd i fyw o'r Betws Fawr i'r Mynachdy Bach,
ychydig filltiroedd i fyny yng nghyfeiriad Mynydd Cenin.
Wedi llwytho'r holl gelfi, act ola'r bardd cyn ymfudo oedd
cludo allan o'r gegin wag fawnen a cholsyn yn mudlosgi mewn
crochan; gweithred ymarferol i dystio y byddai tân y Betws yn
dal i gynnau ar aelwyd ei gartref newydd yn y Mynachdy.
Claddwyd ef ym mynwent eglwys Abererch.

Pedr Fardd

Peter Jones (*Pedr Fardd*), *1775-1845.* Pan oedd yn blentyn, ymfudodd y teulu o Dan-yr-ogof ar lethrau Garndolbenmaen i fyw yn Nhŷ Capel Brynengan. Yn ifanc iawn, mentrodd Pedr Fardd ar yrfa yn ninas Lerpwl lle bu'n ysgolfeistr eithaf helbulus ei fyd. Bu'n flaenor ymroddgar yn eglwys Pall Mall am gyfnod maith, gan gyfrannu llawer i gylchgronau crefyddol, ac ennill yn fynych mewn eisteddfodau ar hyd a lled Cymru.

Ef yw awdur emynau fel 'Cysegrwn flaenffrwyth dyddiau'n hoes . . .', 'Cyn llunio'r byd . . .', 'Ar y groes dyrchafwyd Iesu . . .'. Pan gyhoeddodd Robert Jones y casgliad *Grawn-syppiau Canaan* yn 1795, roedd wedi cynnwys un o emynau medrusaf Pedr Fardd, 'Daeth ffrydiau melys iawn . . .' Erbyn gweld, nid oedd yr emynydd ond prin ugain oed bryd hynny. Fe'i claddwyd ym mynwent Sant Paul yn Lerpwl.

Dewi Wyn

Dafydd Owen (*Dewi Wyn*), *1784-1841.* Ganed ef yn ffermdy'r Gaerwen ar bwys Ynysgraianog. Bu mewn nifer o ysgolion ar hyd a lled Eifionydd, gan ddod i ben â'i addysg ym Mangor-is-y-coed cyn dod adre'n ôl i amaethu. Bu am sbel yn helpu'i frawd claf, Owen, yn Siop y Gaerwen yn nhref Pwllheli.

Meistrolodd elfennau barddoniaeth o dan law Robert ap Gwilym Ddu, ond yn wahanol i'w athro, ymroes i gystadlu mewn eisteddfodau pell ac agos. Pan gollodd gyda'i awdl 'Elusengarwch' yn eisteddfod Dinbych, sorrodd yn bwt ac ni

21

chystadlodd wedyn. Er ei fod yn gynganeddwr llithrig, a'i ystyried gan ei gyfoeswyr yn ben-bardd, ei wendid oedd bod yn ddigynllun a hynod amleiriog. Eto gadawodd ar ei ôl gypledau cofiadwy:

> Canys gwas pan deyrnaso
> Mae llaw barn yn drwm lle bo.
>
> A phawb, yn gall ac yn ffôl,
> A ddygymydd â'i ga'mol.
>
> Dwyn ei geiniog dan gwynaw,
> Rhoi angen un rhwng y naw.

Hefyd ei englyn i Bont Menai:

> Uchelgaer uwch y weilgi—gyr y byd
>   Ei gerbydau drosti;
>   Chwithau, holl longau y lli,
>   Ewch o dan ei chadwyni.

Ym mlynyddoedd olaf ei oes cafodd ei flino gan afiechyd a'i llethai'n lân. Fe'i claddwyd ym mynwent Llangybi.

Siôn Wyn

22

John Thomas (Siôn Wyn o Eifion), 1786-1859. Fe'i ganed yn Nhŷ Newydd, Chwilog, a dysgodd ddarllen yn gynnar. Pan oedd tua phymtheg oed, fe'i trawyd â chlefyd a'i nychodd, a bu'n orweiddiog am bum mlynedd ar hugain. Yna, pan ddadebrodd beth, cafwyd cerbyd bychan i'w gludo o gwmpas y pentref. Am fod y gwely wenscot mawr fel math o fyfyrgell iddo, gofelid cadw stôr o lyfrau o fewn cyrraedd. O'r herwydd, daeth Siôn Wyn yn gyfarwydd â phynciau fel morwriaeth, rhifyddeg a seryddiaeth, heb sôn am ddod yn eithaf rhugl mewn Saesneg, gyda chrap hefyd ar Ladin, Groeg a Ffrangeg.

Dywedir i'r bardd Shelley alw i'w weld un tro, a rhyfeddu at ei alluoedd. (Byddai Shelley a'i wraig yn aros ar brydiau gydag Alexander Madocks yng nghyfnod codi gwrthglawdd y Cob rhwng y môr ac afon Glaslyn.)

Fel eraill o feirdd Eifionydd, byddai Siôn Wyn, yntau, yn cyfansoddi ac yn cystadlu mewn eisteddfodau. O ran hynny, bu'n canu mawl i bensaer enwog y Cob:

> Trwy fad lafurwaith Madog—er mawrlen
> Lle bu'r morlif tonnog,
> Dilys ceir coedydd deiliog,
> A byrgyll mân lle cân cog.

Cafodd Siôn Wyn ei gladdu ger capel Penlan ym Mhwllheli.

Ebenezer Thomas (Eben Fardd), 1802-63. Fe'i ganed yn Nhanlan, rhwng Llanarmon a Llangybi. Er iddo, fel ei dad, ddysgu crefft gwehydd, troes Eben at ddiddordebau eraill fel cadw ysgol, rhedeg siop a rhwymo llyfrau. Wedi symud peth hwnt ac yma, treuliodd weddill ei oes yng Nghlynnog Fawr lle bu'n cadw ysgol.

Am iddo ymwneud llawer â bardd y Betws Fawr, Dewi Wyn, a Siôn Wyn, parodd yr ysfa farddoni iddo yntau gystadlu'n frwd mewn eisteddfodau, ac ar rai adegau feirniadu'n ogystal. Ei brif awdlau oedd 'Maes Bosworth', 'Y Flwyddyn' a 'Dinistr Jerusalem'. Daeth llinellau fel 'Mirain deml Moreia'n dân' yn gyfarwydd i filoedd, yn ogystal â'r disgrifio lliwgar:

Llithrig yw'r palmant llathrwyn,
Môr gwaed ar y marmor gwyn.

Eben Fardd

Yn niwedd ei oes, cafodd brofedigaethau llymion—colli tri
o'i blant ynghyd â'i briod, a naturiol fyddai dyfalu mai mewn
blinfyd felly y canodd un o'i emynau mwyaf gwybyddus:

O! fy Iesu bendigedig,
Unig gwmni f'enaid gwan . . .

Claddwyd Eben Fardd ym mynwent Clynnog Fawr.

Morris Williams (Nicander), 1809-74. Dywed rhai iddo gael ei
eni mewn bwthyn ar bwys y Gaerwen; myn eraill mai yng
Nghaernarfon y'i ganed. Bu ei fam (chwaer Pedr Fardd) yn
forwyn yn amaethdy Dewi Wyn, a'i dad yn was i'r Bardd Du
yn y Betws Fawr. Symudodd y teulu i fyw i Goed-cae-bach ger
Llangybi, ac er ei brentisio'n saer coed, dilyn gyrfa golegol a
wnaeth Nicander. Wedi graddio yn Rhydychen, bu'n giwrad
yn Nhreffynnon, ac wedyn ym Mangor cyn derbyn rheithoriaeth
Llanrhuddlad, Ynys Môn, lle'r arhosodd hyd ddiwedd ei oes.

Nicander

Byddai Nicander yn llenydda'n ddyfal, yn barddoni ar gyfer eisteddfodau gan feirniadu lawer tro. Ymysg amrywiaeth ei gynhyrchion, efallai mai'r ymgais fwyaf gwreiddiol ar ei ran oedd trosi Chwedlau Esop ar gân. O blith lliaws o'i emynau, y mwyaf cyfarwydd yw 'Molwch Arglwydd nef y Nefoedd/Holl dylwythau daear las . . .'

Claddwyd y rheithor diwyd ym mynwent Llanrhuddlad.

*   *   *

Wedi ciplun o'r saith uchod fel y rhai amlycaf o wŷr llên y Lôn Goed yng nghwrs y ganrif ddiwethaf, y mae eraill y dylid cyfeirio atyn nhw, fel Richard Jones (1773-1833) a aned ar fferm Coed-cae-du, ychydig i ffwrdd o dir y Gaerwen. Buasai Richard Jones yn gyfarwydd â Robert Jones, Rhos-lan, Robert ap Gwilym Ddu, Pedr Fardd a Dewi Wyn, ond am iddo symud o'r ardal i'r Wern yn Llanfrothen, fe'i collwyd o'r fro.

Gweinidog oedd Richard Jones, yn ddadleuwr cryf, yn ysgrifennwr ac emynydd graenus. Enghraifft o hynny yw 'Mae yn y Gair oleuni glân . . .' a 'Duwioldeb sydd yn elw gwell . . .' Sylwer ar lendid ei ddawn yn y pennill a ganlyn allan o emyn Diolchgarwch ganddo:

25

Am haul a lleuad, gwynt a gwres,
A glaw, yn gynnes canwn;
Am borthi pob creadur byw,
Ti, Arglwydd Dduw, addolwn.

Claddwyd Richard Jones ym mynwent Llanfrothen.

Un arall a ddaliwyd gan yr hud yn awyr Eifionydd oedd Ellis Owen (1789-1868). Trigai ef sbel i ffwrdd o'r ardal, yn ffermdy Cefn-y-meysydd yr ochr bellaf i Gricieth ar bwys Pentrefelin. Sefydlodd y llenor a'r hynafiaethydd hwnnw Gymdeithas Lenyddol ar ei aelwyd, a byddai cryn fynd a dod rhwng beirdd y Lôn Goed a Chefn-y-meysydd. Dyma agoriad cywydd gan Robert ap Gwilym Ddu wrth gyfarch ei gyfaill:

Atolwg, dos at Elis,
Awen fwyn i'w weini fis;
Cei groeso iawn rhadlawn rhydd
Am oes yng Nghefn-y-meysydd.

Ellis Owen

Fel enghraifft o ddawn farddol Ellis Owen ei hunan, dyma englyn ganddo am Dic Aberdaron:

Ieithydd uwch ieithwyr wythwaith—gwir ydoedd,
Geiriadur pob talaith;
Aeth angau â'i bymthengiaith;
Obry'n awr heb yr un iaith.

Claddwyd Ellis Owen ym mynwent Ynyscynhaearn ger
Pentrefelin. (Yn 1877, cyhoeddodd Alltud Eifion weithiau'r
hynafiaethydd o dan y teitl *Cell Meudwy*.)

Erys un llais arall na feiddiwn ei anwybyddu, sef Eliseus
Williams (1867-1926), a gofir yn amgenach fel Eifion Wyn. Fe'i
ganed yn y Garth, Porthmadog, pan oedd y dreflan honno'n
ifanc ac ar ei thwf. Er iddo arfaethu bod yn athro ysgol, nid
aeth ymlaen â'r bwriad hwnnw, mwy na'r syniad arall ganddo
o droi at weinidogaeth gyda'r Annibynwyr. Yn hytrach,
treuliodd ei oes fel cyfrifydd mewn swyddfa masnachwr llechi
ar bwys y cei ym Mhorthmadog.

Eifion Wyn

Cwpwl o Ros-lan oedd ei rieni, a'i dad yn un o feibion Ynys
Heli, fferm sy'n terfynu am y clawdd â'r aelwyd yr ysgrifennaf
ynddi heddiw. Oherwydd ei gyswllt teuluol â Rhos-lan, byddai
Eifion Wyn yn rhodio'r gwyliau'n gyson yn y fro gan bysgota
llawer hyd lannau afon Dwyfor.

Clywais Williams Parry yn dotio droeon at gyfrol *Telynegion Maes a Môr* Eifion Wyn, ac yn arbennig at ei delynegion i'r misoedd. At hynny, roedd Eifion Wyn yn englynwr o gryn faintioli. Gellir gwyleiddio yn naws ei emyn 'Un fendith, dyro im . . .', ac ymgolli yn y gerdd sy'n delfrydu Cwm Pennant. Ond am ei englyn 'Blodau'r Grug', ni ellir ond dwbl ryfeddu:

> Tlws eu tw', liaws tawel—gemau teg
> Gwmwd haul ac awel;
> Crog glychau'r creigle uchel,
> Fflur y main, ffiolau'r mêl.

Claddwyd Eifion Wyn ar bwys bedd ei rieni ym mynwent Chwilog. Cyn bo hir wedyn, penderfynwyd codi cofeb arbennig i'r bardd a enillodd galon cenedl â'i gân. Yn addas iawn, fe holltwyd y maen coffa allan o graig yng Nghwm Pennant, ac ar Fai 19eg 1934, trefnwyd gwasanaeth yn y fynwent gydag edmygydd tanbaid o Eifion Wyn yn dadorchuddio'r gofeb—neb llai na David Lloyd George.

Er mwyn cyrraedd Chwilog o gyfeiriad Cricieth, bu'n rhaid i'r gwleidydd o Lanystumdwy (fel pob teithiwr hyd heddiw) groesi ar draws y Lôn Goed gerllaw Llwyn Annas.

Cofeb Eifion Wyn ym mynwent Chwilog

Beth, gan hynny, yw hanes y Lôn Goed hon yn Eifionydd?
Ffordd yw hi, welltog gan amlaf, gyda rheng o goed urddasol o'i deutu sy'n ymwáu trwy gefn gwlad dros waun a chors am bedair milltir a hanner helaeth. Mae hi'n cychwyn ar bwys golchdy ym mhentref Afon-wen, ac yn dod i ben ei thaith mewn unigeddau pell yng ngolwg Brynengan a Mynydd Cenin. Ei chynllunydd oedd John Maughan, a ddechreuodd ar ei fenter hynod yn y flwyddyn 1819 gan ddod i ben â'i dasg wedi naw mlynedd o galedwaith oedd yn gwbl anhygoel.

Er cyfeirio mor fynych at 'Feirdd y Lôn Goed', y ffaith yw nad oedd y Lôn honno'n bod pan aned y saith gŵr y soniwyd amdanyn nhw'n gynharach. O ran chwilfrydedd, diddorol fu clandro oedran y seithgwr hynny pan ddaeth y Lôn Goed gynnar yn rhan o ramant gwlad Eifionydd.

Pan roed cychwyn ar anturiaeth John Maughan yn agor ffordd newydd felly, roedd Robert Jones, Rhos-lan, yn 74 mlwydd oed, a Robert ap Gwilym Ddu yn 53, Pedr Fardd yn 44, Dewi Wyn yn 35 a Siôn Wyn yn 33. Llefnyn dwy ar bymtheg oedd Eben Fardd, a Nicander ond bachgen dengmlwydd. Am weddill ei oes ef, ni welodd Robert Jones y coed ond yn prin ddechrau grymuso. Am y gwŷr eraill, fe gawson nhw fyw i sylwi ar y prennau'n magu praffter, y canghennau'n tyfu'n ffyrfion a brigau o'r naill ochr fel y llall yn ymgyffwrdd uwchben canol y Lôn gan blethu trwy'i gilydd yn ddeiliog, gaeadfrig, a'r llonyddwch yno i'w deimlo 'o fwa'i tho plethedig i'w glaslawr dan fy nhroed' fel y tystiodd Williams Parry.

Cyfnod y stetydd oedd hi gydol y ganrif ddiwethaf, a chyn hynny, wrth reswm. Ond nodwedd y rheini oedd bod newid eithaf mynych ym mherchenogaeth y naill stad a'r llall, gyda therfynau'r meddiant yn amrywio o ganlyniad. Digwyddai newidiadau felly wrth i feibion a merched y gwahanol blasau ymbriodi—neu ymwahanu; parai hynny i ambell stad ymgyfoethogi'n ddirfawr. Dro arall, gallai pethau fynd o chwith oherwydd gorwario efallai, neu dwyll, neu ryfel, gyda'r

John Maughan, pensaer y Lôn Goed

stad yn mynd i ddyled. Gallai trafferthion godi hefyd o achos marwolaeth y sgweier neu ei briod, gydag aer neu aeres yn cymryd yr awenau, a'r rheini'n aml yn newid patrwm pethau. Ar rai adegau, cymhlethid y sefyllfa am nad oedd i'r pendefigion blant o gwbl, a'r stad o ganlyniad yn cael ei rhannu rhwng perthnasau pellach i'r teulu a allai olygu tynnu a rhoi er dryswch dwys i bendefig a thenant.

Yng nghyfnod paratoi'r Lôn Goed, stad Plas Hen oedd yn teyrnasu yn yr ardal honno. (Talhenbont oedd yr hen enw cyn hynny, ond fel y mae'n digwydd, Talhenbont yw'r enw unwaith yn rhagor yn ein canrif ni. Mae'r plasty hwnnw mewn cyflwr godidog solet o hyd, ac uwchben ei ddrws mewn maen melyn balch, gwelir y dyddiad 1607.) Ond ar dro'r ganrif ddiwethaf, daeth y stad yn eiddo i Syr Thomas Mostyn oedd yn hanfod o bendefigaeth rymus yn Sir y Fflint. A'r enw bryd hynny ar y 'deyrnas' yn Eifionydd oedd Plas Hen.

Talhenbont, a adweinid yn ogystal fel Plas Hen

Yn awr, roedd hwnnw'n gyfnod o gryn chwyldro mewn sawl cyfeiriad. Dyna Thomas Johnes, sgweier Hafod Uchtryd yn Sir Aberteifi, wrthi'n arloesi ym myd amaethu gan arbrofi gyda chnydau ac anifeiliaid, frid ar ôl brid, heb sôn am blannu ar draws ei libart filoedd ar filoedd o goed.

Alexander Madocks wedyn, yn adeiladu rhagfur y Cob i gadw'r môr yn ei wely rhwng blaenau Minffordd a'r dref-harbwr newydd oedd yn tyfu dan ei ddwylo, tref y mae ei enw ynghlwm wrthi hyd heddiw, sef Porthmadog, fel y mae Tremadog, hithau, gwta filltir i ffwrdd.

Wrth sôn am Madocks, mae mapiau ar gael sydd wedi patrymu rheilffordd yn cyrraedd hyd at Bwllheli. Ond yn ôl cynllun Madocks, bwriedid i'r rheilffordd yrru rhagddi o Bwllheli ar draws penrhyn Llŷn nes cyrraedd Portin-llaen. Ac ar y map eto, gwelir llwybr llong yn arwain at Ddulyn yn Iwerddon. (Erbyn heddiw, gwyddys na chafodd Portin-llaen na rheilffordd na phorthladd, ac mai Caergybi a ymelwodd ar hynny.)

O flaen rhes o dai ar y ffordd allan o Dremadog i gyfeiriad Cricieth a Phenmorfa, gwelid gynt yr enw annisgwyl 'Dublin Street'. Pam y cyswllt Gwyddelig hwnnw? Tybed a oes ateb i'w gael yn un o freuddwydion Madocks? Sef y byddai'r heol fach hon mewn treflan yn arddel ei enw ef ei hun, Tremadog, yn y man yn rhyw ymgysylltu â phen draw siwrnai drên a llong ym mhorthladd 'Dublin' yn Iwerddon? Difyr yw dyfalu, o leiaf.

Sut bynnag, pan etifeddodd Syr Thomas Mostyn stad Plas Hen yn Eifionydd, cyflogodd John Maughan yn stiward iddo fel gŵr a fyddai'n goruchwylio'i diriogaeth o ffermydd gwasgarog. Un o Northumberland oedd Maughan, wedi arbenigo'n drylwyr yn nhasgau gwarchod stetydd a sychu tir amaeth. Yn ychwanegol at hynny, fel Thomas Johnes yr Hafod, roedd John Maughan, yntau, yn ymhyfrydu mewn plannu coed ym mhobman posibl.

Wrth archwilio'r sefyllfa ar hyd a lled stad Thomas Mostyn, cafodd John Maughan ei synnu gan gyflwr truenus y ffermydd, a'u herwau'n gorstir o farddwr heb na ffosydd na thraeniau i ddihysbyddu'r dŵr-hel. Cynddrwg â hynny wedyn, onid gwaeth yn wir, oedd cyflwr y ffyrdd (os ffyrdd hefyd) yn anelu tua'r ffermdai a'r caeau o'u cylch. Doedd y rheini fawr gwell na rhowtiau o fwd yn arwain yn igam-ogam leidiog o fan i fan, a'r tir yn cael ei dagu gan grawcwellt a brwynogydd.

Aeth Maughan ati heb oedi i astudio mapiau stad Plas Hen, a chyn pen tipyn roedd ei gynllun ar waith: agor ffordd lydan, solet o un pen y stad i'r llall gan ddechrau yn y gwaelod ger melin Ffriddlwyd yn Afon-wen. (Yn y fan honno, ers llawer blwyddyn bellach, y mae golchdy prysur yn union ar fin y ffordd fawr rhwng Cricieth a Phwllheli. Ceir y sillafiad 'Ffrywlwyd' gan rai; mewn hen fap, gwelaf yr enw 'Pont y Ffriddlwyd' gydag Afon Wen yn llifo odani. Ond cofiaf ynganiad hyfryd hen wraig ganmlwydd o Chwilog gyfagos— 'Ffriwlyd' a ddywedai hi bob gafael.)

Ar gyfer menter ei Lôn newydd, cyflogodd John Maughan fintai o weithwyr cydnerth. Roedd wedi pennu mai lled y Lôn fyddai deuddeg llath, ac felly y mae hi heddiw ar ei hyd nes cyrraedd pegwn eitha'i thaith—dwsin o gamau ar ei thraws yn ddi-feth. Ar ôl marcio'r lled yn ddiogel, gwaith nesa'r dynion oedd pwyo pegiau hyd ymyl y ddwy ochr am gryn bellter er mwyn cadw cyfeiriad y ffordd yn gyson mewn golwg. Wedi lefelu'r ddaear ar letraws rhwng y pegiau, dôi gwedd o geffylau yn tynnu trol neu wagen gyda llwythi o gerrig, bras a mân, er mwyn gosod wyneb cadarn cyn halio rowler drostyn nhw i wastatáu'r cyfan.

Yn y cyfamser, roedd nifer o ddynion wrthi'n agor ffos o ddeutu'r ffordd, ffosydd llydain, dyfnion a fyddai'n sugno'r dŵr segur i'w sianelau. O gofio mai oes ddi-dractor oedd honno, mae'n rhaid bod y llafur yn dreth ddifaol ar gyhyrau'r gweithwyr, ac fe dybiwn i fod y caledwaith yn arswydus o drwm wrth i'r dasg dynnu'r dynion filltir ar ôl milltir i gyfeiriad y corstiroedd a geid yn uwch i fyny'r wlad.

Fe welir prawf amlwg o hynny wrth gerdded tuag yno heddiw, gydag agos at gant a phedwar ugain o flynyddoedd wedi mynd heibio bellach. Ar fin y Lôn yn y parthau hynny, ni ellir peidio â sylwi ar y meini enfawr a gododd y dynion wrth agor ffosydd o ddeutu'r ffordd, talpiau o gerrig-tir anhylaw, a'r rheini'n gannoedd lawer o bwysi.

Pan gofir bod y fintai'n llafurio ganrif a hanner cyn bod peiriannau fel y JCB a'i debyg, dibynnai'r llafur yn gyfan gwbl ar nerth braich noeth, gyda dwylo celyd y gweithwyr wrthi'n trosolio, ceibio a rhofio, yn codi ac estyn o fore hyd hwyr. I symud y meini o'u gwâl oesol yn y ddaear, yr unig gymorth posibl fyddai harneisio'r ceffylau â chadwyni, a gobeithio'r gorau wedyn rhwng nerth dyn ac anifail. Mae'n debyg mai

Enghraifft o'r ffosydd a gafniwyd o ddwy ochr y Lôn Goed

system craen trybedd oedd ganddyn nhw gyda chadwyni neu raffau'n rhedeg trwy bwli neu ddau. Wedi bachu'r ceffyl ar gyfer y dasg, a'i annog i daer dynnu, clywid y maen mawr yn dod o afael sugn y gors gyda llwnc nes llacio a chodi'n raddol o'r marddwr, cyn ei lanio ar ymyl union y Lôn newydd.

Ar ôl llusgo dwsinau o gerrig felly allan o'r ffosydd, a'u

Y cerrig a godid wrth agor y ffosydd

gollwng ar finion y ffordd, beth ellid ei wneud â nhw wedyn? Heddiw, buasai'r peiriannau diesel nerthol a'u breichiau hydrolig yn eu cipio'n rhwydd ar un swae i drwmbal lorri, cyn eu gyrru oddi yno i ryw domen bellennig. Ond nid felly yn nyddiau John Maughan. Nid oedd unpeth y gellid ei wneud gyda'r ffasiwn feini ond eu gadael yn llythrennol yn y fan a'r lle y'u gollyngwyd ar weflau'r Lôn newydd. Ac yno y maen nhw hyd y dydd hwn yn dalpiau disymud, yn hel mwsogl a chen—cen cochliw gan amlaf. Pa ryfedd i'r orchest fawr gymryd naw mlynedd a mwy i'w chyflawni!

Ond yn ôl â ni i'r man cychwyn yn Afon-wen unwaith eto. Draw yno ar bwys melin Ffriwlyd, mae'r dynion wedi mesur deuddeg llath lled y Lôn, mae'r pegiau yn y ddaear yn patrymu'r ffordd ymlaen, mae'r ffosydd cyntaf wedi'u hagor yn llydain, daclus, a'r dyfroedd yn llifo'n groyw ar hyd eu gwelyau newydd. Wedi milltir o waith caregu'r wyneb, byddai John Maughan yn galw ar dri arbenigwr i ddechrau ar eu llafur hwythau o blannu coed ar hyd ochrau'r Lôn; coed derw a ffawydd a blennid amlaf o ddigon, er bod ambell onnen a masarnen a chelynnen i'w cael bob yn ail â pheidio rhwng y cedyrn eraill.

Telid i'r gweithwyr yn ôl pum swllt y rhwd—*rood*, sef wyth llath. Fel rheol, llwyddai'r gwŷr i gyrraedd at ddwy rwd mewn wythnos, a olygai gyflog o chweugain, neu ddeg swllt—pum deg ceiniog ein cyfnod degol ni. Pos pur ddyrys yw cymharu union werth ceiniog ddechrau'r ganrif ddiwethaf â gwerth ceiniog ar ddiwedd ein canrif oriog ni. Ni waeth pa mor anodd yw amgyffred gwerth y geiniog, erys un ffaith yn ddiogel, mai llafurio'n annynol galed am gyflog digon crintach oedd tynged y gweithiwr, druan, bryd hynny, fel erioed yn wir.

Os cofir bod hyd y siwrnai'n bedair milltir a hanner, a bod y plannu wedi digwydd ar y ddwy ochr iddi, wrth ddyblu'r hyd felly, dylid sylweddoli bod ffordd John Maughan yn cynnwys naw milltir o goedydd. Ac i drigolion Eifionydd yn rhodianna o dan gysgod y dail, pa enw arall y gellid ei roi ar y fath ffordd hynod ond Lôn Goed?

Man cychwyn y Lôn Goed

Er mwyn i ninnau bellach roi cynnig ar 'rodio'i thegwch' o un pen i'r llall, beth am gychwyn eto fyth yn y Ffriwlyd? Yr un fydd y patrwm gydol y daith: ffordd sy'n ddwsin o lathenni ar ei thraws, ffosydd llydain ar y ddwy ochr iddi gyda'r coed cryfion—hen goed yn eu hanterth bellach—fel colofnau ar y naill ochr a'r llall, a'r brigau uchel o dan haul haf yn glwm o gysgod. Ar wahân i olion ambell gerbyd yn rhigoli peth ar ganol y Lôn, mae gweddill ei hwyneb yn dwf esmwyth o laswellt a mwsogl.

O gerdded gwta chwarter milltir o'r Ffriwlyd, caiff y Lôn ei chroesi'n sydyn sgwâr gan ffordd darmac sy'n cyrchu tua Chwilog o gyfeiriad Llanystumdwy. Fe gamwn ninnau dros y ffordd dar, a dyna fod yn ôl yn cerdded y 'glaslawr' eto, a'r ffermydd tawel i'w gweld yma a thraw. Yn y man, down at lecyn yn y Lôn Goed nad oes dramwy arno erbyn heddiw. O'r herwydd, tyfodd y rhan yma'n wyllt gyda thwmpathau eithin a helyg a mân lwyni'n cael rhwydd hynt i wreiddio'n eithaf di-reol. Wrth graffu yma ar wyneb mwsoglyd y Lôn, gwelwn fod sawl gwialen ystwyth yn tyfu'n obeithiol. Am i'r coed uwch-ben ollwng eu hadau gyda'r glaw a'r gwynt, mae'n gyfle i ambell sbrigyn o gelynnen, derwen, masarnen neu onnen dyfu heb i ddyn nac anifail darfu dim arnyn nhw.

Wrth i dymhestloedd gaeafau canrif a hanner helaeth guro ar y Lôn Goed, cwympodd coeden i'r llawr hwnt ac yma yn hwrdd y ddrycin, a bu ambell bren arall farw ar ei draed o achos rhyw bydredd neu'i gilydd. Ond gryn ugain mlynedd yn ôl, buwyd yn plannu o'r newydd yn y mannau agored lle curodd y storm, ac erbyn heddiw mae'r planhigion hynny'n tyfu'n goed addawol, ac yn prysur lenwi bylchau'r corwynt unwaith yn rhagor.

Ond dyma gyrraedd at lidiart terfyn, ac wedi mynd trwyddo, a'i gau'n ddiogel o'n hôl, down at gapel sy'n union ar fin y Lôn Goed: capel Engedi, a godwyd ar dir Penybryn Isaf yn 1872, gyda Thŷ Capel a gardd ar ei bwys. Yng nghwrs y blynyddoedd, bu o leiaf ddeg o weinidogion yn bugeilio'r eglwys oedd yn addoli yn y man tangnefeddus hwn. Cofiaf fel y byddai plant Engedi'n enwog am gipio gwobrau mewn arholiadau eglwysig a mân eisteddfodau ar hyd a lled y fro. Yn hedd y capel hwn y magwyd cyfaill calon i mi, sef John, Tŷ Lôn, a gofir bellach yng Nghymru fel y Parchedig J. R. Owen, Ohio. Ni fedrais hyd heddiw ddirnad sut y llwyddodd J.R. i ddygymod â rhuthr Ohio wedi mebyd yn llonydd y Lôn Goed, o bob man.

Ar y trydydd Llun o fis Hydref, mae'n hen arfer yng Ngwynedd i gynnal gŵyl o ddiolchgarwch am y cynhaeaf. Bu'n ddefod gennyf innau am gyfnod maith bregethu ar fore'r ŵyl i'r fintai fach yng nghapel Engedi. Ond ar Sadwrn y 23ain o Hydref 1982, cynhaliwyd gwasanaeth arbennig i ddatgorffori'r Achos yno, a chau'r drws a fu'n agored am gant a deg o flynyddoedd. Ychydig ddyddiau ar ôl hynny, gwawriodd ffaith dra hynod ar fy meddwl—mai fi oedd yr olaf un i bregethu o bulpud capel y Lôn Goed. Profiad lletchwith yw cael braint pan yw honno'n gymysg â thristwch.

Engedi a'r Tŷ Capel

Ond ymlaen â ni trwy'r tawelwch nes cyrraedd tyddyn Hidiart. Yno, mae giât yn agor at ffordd darmac gul sy'n croesi'n llwybr o gyfeiriad Rhydycroesau. Dim ond cerdded drosti sydd ei angen nad ydym eilwaith ar lawr y Lôn Goed. O'n blaen y mae chwarter milltir urddasol yn tynnu ar letro at ymyl fferm Plas Hen, gyda Phlas Talhenbont yn y pant y tu ôl iddi. Mae rhywbeth cyfareddol o gwmpas y lle hwn; glaswellt a mwsogl yn drwch dros wyneb y Lôn, a dwyres uchel o ffawydd gyda'u rhisgl llyfnolau'n disgleirio, boed haul neu law. Wrth rodio yma, ymdeimlir â chyfuniad o gadernid a meddalwch a thangnefedd, y tri yn un a'r un yn dri, nes codi math o fedd-dod ar gerddwr.

Gwn na ddylid graddoli perffeithrwydd, ond am unwaith carwn ddweud imi deimlo er dyddiau pell fy nglasoed mai'r darn yma yw'r hyd 'perffeithiaf' o'r Lôn Goed i gyd. A heddiw, wrth hel meddyliau yn ei chylch, daeth y syniad a ganlyn i'm pen, a hynny am y tro cyntaf erioed: gan gofio mai'r llecyn hwn yw'r un agosaf posibl at y Plas lle trigai Syr Thomas Mostyn a'i stiward dawnus, dyfalu'r wyf tybed a roes John Maughan siars arbennig gofiadwy i'w weithwyr fod y llain hon i gael triniaeth lwyr eithriadol a'u bod i agor y ffosydd a gosod wyneb ar y ffordd yn fwy cysact nag arfer? Eu bod hefyd i ofalu dewis y planhigion ffawydd cryfaf a feddent. Am ei bod hi mor agos at y Plas, tybed a fwriadodd Maughan i'r rhodfa hon o'r Lôn newydd fod yn *avenue* unigryw i'r pendefigion gerdded ar hyd-ddi?

'Gan nad beth am hynny' (fel y byddai Cybi mor hoff o ddweud!) cyn pen dim, mae'r Lôn yn cael ei chroesi eto gan ffordd darmac eiddil o gyfeiriad Chwilog. (Pe dilynid honno ganllath neu ddau tua'r pant, dyna basio Tŷ Lôn—cartre J. R. Owen—ac wedi pwt sydyn o allt, down i olwg y Betws Fawr, aelwyd y 'Bardd Du'.) Ond anwybyddu'r ffordd fodern o Chwilog a wna'r Lôn Goed ac anelu o ddifri bellach tua gweundir agored Eifionydd. Â rhagddi'n ogoneddus heibio i ffermydd Beudy Newydd, Rhosgyll Bach a Maesgwyn gan fagu trofa'r fan yma a'r fan draw.

Erbyn cyrraedd i ardal y ffermydd hyn, mae'n debyg i'r dynion fod wedi ymlafnio ers cryn wyth mlynedd, a bod ganddyn nhw filltir neu ddwy arall o'u blaenau, a olygai ddeunaw mis arall o laddfa. Y pnawn hwnnw, yn ôl y patrwm, roedd y pegiau wedi eu gorddio i'r ddaear i nodi cwrs nesa'r ffordd, a chyda phopeth yn barod ar gyfer trannoeth arall, daeth yn amser noswylio a cherddodd y dynion yn flinedig tua'u cartrefi.

Ond yr oedd un tyddynnwr wedi bod yn dirgel wylio'r cyfan o hirbell, ac ar ôl iddi lwydnosi, aeth ati'n llechwraidd i symud y rhesi pegiau o'u lle, a'u hailforthwylio i'r pridd rai llathenni o'r cwrs gwreiddiol. Gwnaeth felly am iddo ofni y byddai ffordd John Maughan yn mynd trwy ffynnon ar ei dyddyn. Dyna, meddir, pam fod tro pur annisgwyl yn y darn hwnnw o'r Lôn Goed!

Fymryn bach yn uwch i fyny (a chyn i Beeching fwrw'i fwyell ar reilffordd yr L.M.S.) yr oedd croesfan, a thŷ a elwid 'Crossing'. Prif ofal y preswylydd oedd agor y giatiau mawr er

Y 'Crossing' rhwng Llangybi a'r Ynys

41

mwyn i'r trên groesi'r Lôn Goed wrth bwffian yn fyglyd trwy gefn gwlad o Afon-wen gan alw yng ngorsafoedd Chwilog, Llangybi, Ynys, Bryncir, Pant-glas ac ymlaen tua gorsafoedd Caernarfon a Bangor bell. (Dylid cofio nad oedd na rheilffordd na thrên na Chrossing ar ddaear Eifionydd pan oedd mintai Maughan yn creithio'u ffordd trwy'r corsydd.)

Rhagom eto o drofa i drofa gyda'r olygfa o gribau Eryri a Meirion yn syfrdanol. Ond toc, fe'n croesir gan un arall o'r ffyrdd tarmac culion hynny, y tro hwn o gyfeiriad Ynysgraianog sy'n anelu'n droadau i gyd tuag ardaloedd Llangybi. O gerdded yn syth ar ei thraws, rydym eto ar lawr y Lôn Goed, a thraw acw, led trichae ar y dde, dacw'r Gaerwen, ffermdy Dewi Wyn.

Petaem wedi dewis troi ar y dde am yr Ynys, cyn pen dim byddem wrth addoldy Capel y Beirdd ar bwys ffermdy Llwyn-yr-eryr. Diddorol yw nodi nad oedd y cysegr hwnnw (mwy nag Engedi) yn bod yn nyddiau mebyd bardd y Betws a bardd y Gaerwen.

Capel y Beirdd

Yn gynnar yn y ganrif ddiwethaf roedd Bedyddwyr yr ardal yn cwrdd mewn tŷ annedd yn Rhos-lan, a elwid y 'Nordd'. (Eglurodd y diweddar Athro Bedwyr Lewis Jones wrthyf ei bod yn bur debygol mai o'r Gair Ffrangeg 'nord'—a'r Saesneg 'north'—y daeth yr enw annisgwyl hwn i'r fro.)

Am achos Annibynwyr yr ardal, mewn hen feudy yr oedden nhw'n cadw'u cyrddau cyntaf. Ond pan gododd yr enwad hwnnw eu capel, gadawyd y beudy i'r Bedyddwyr ymgynnull ynddo. Am ryw reswm rhyfedd, galwyd y lle hwnnw wrth yr enw 'Beudy'r Fynachlog'. Wedi gosod math o bulpud yno, penderfynwyd cael seddau i gynnwys y cynulliad. Ar gyfer defnydd o'r fath, dyma John Pritchard, ffermwr Brynbeddau (oedd ar ymyl pantle yng nghyfeiriad afon Dwyfach) yn cyflwyno'i lawr-dyrnu i'r aelodau, ac felly, fesul astell y datgymalwyd y llawr-dyrnu, a saernïo'r coed yn feinciau ar gyfer y gwrandawyr.

Am fod y fintai'n cynyddu, a bod yr hen feudy'n lle anhwylus a drafftiog, yn enwedig yn y gaeaf, cynigiodd penteulu Tŷ'n Rhos le ar ei fymryn aelwyd ef i'r addolwyr, ac i'r tŷ hwnnw y byddai Dewi Wyn a Robert ap Gwilym Ddu yn dod i wrando ar bregethu. (Ystyrlon iawn i mi yw cofio i'm brawd Wil, a'i briod Mona, fod yn byw yno am gyfnod yn ystod y pedwardegau.)

Gydag amser, am fod aelwyd Tŷ'n Rhos yn annigonol i gynnwys pawb yn gyfforddus, aeth Dewi Wyn a bardd y Betws Fawr draw at John Maughan i drafod y sefyllfa, a chanlyniad hynny oedd i stad Mostyn roi tir ar les i adeiladu capel ar gyfer achos y Bedyddwyr ar gyrion Llwyn-yr-eryr.

Heb fod ymhell o'r ffermdy, gyfnod pell yn ôl, yr oedd Tŷ Mawr, ac yno trigai cymeriad annwyl o fardd o'r enw Owen Gruffydd, 1643-1730. Claddwyd ef ym mynwent eglwys Llanystumdwy. Yn 1904, cyhoeddodd O. M. Edwards weithiau barddol yr hen frawd yng nghyfres *Llyfrau ab Owen*. Fel enghraifft o'i ganu, dyma ddau bennill o garol hirfaith ganddo i'r 'Nadolig', ar y mesur tri-thrawiad:

Pob doethaidd gymdeithion, naturiol gantorion,
Sy'n caru Duw cyfion o'r galon yn gu,
Cyfrennwch ar unwaith mewn eiliad manylwaith,
Yn gydwaith felyswaith fawl Iesu.

Wel, dyma Nadolig Mab Duw bendigedig,
A fu'n ostyngedig oen diddig i'n dwyn
O benyd tragwyddol i fywyd anfarwol,
Gwnawn iddo'n gyneddfol gân addfwyn.

I ailgydio yn hynt y Bedyddwyr, roedd sylfeini eu haddoldy hwy yn ddiogel yn naear Eifionydd erbyn 1822. Fel yr âi'r adeiladu rhagddo, cyfeiriai rhai cymdogion o enwadau eraill yn ddifrïol at y cysegr newydd fel 'Capel y Beirdd'. Er mai mewn gwawd y siaredid felly ar y cychwyn, erbyn ein canrif ni magodd yr enw elfen o barch ac edmygedd tuag at y gwŷr llên a'i cododd. Ac felly y mae hyd heddiw. Eto, un ffaith dra hynod yw na fedyddiwyd Robert ap Gwilym Ddu erioed, ac na bu'n aelod fel y cyfryw, er y byddai'n dilyn y moddion yno. Ac yna, er i Ddewi Wyn gael ei fedyddio'n faban yn eglwys Llanystumdwy, ni bu yntau chwaith yn aelod gyda'r Bedyddwyr nes i waeledd ei oddiweddyd. Flwyddyn cyn ei farw yn 57 oed, cafodd ei ailfedyddio gan Robert Jones, Llanllyfni, gweinidog pur wreiddiol gyda'r Bedyddwyr.

Mae'n arfer gan eglwys y 'Beirdd' fedyddio'u haelodau yn union islaw Pont Brynbeddau yn afon Dwyfach. Cofiaf am fintai ohonom (o'r 'tu allan' megis) yn pwyso'n rhes ar wal y bont gan syllu i lawr yn chwilfrydig ar aelodau'r 'Beirdd' oedd wedi ymgasglu'n dyrfa dawel ar y ddôl otanom. Safai'r gweinidog at ei ganol yn y dŵr ar gyfer gweinyddu'r ddefod o drochi'r disgyblion, ben a thraed, yn nwfn yr afon.

Y noson feddal honno o Awst, pan ofynnodd y gweinidog a garai rhywun arall gael ei fedyddio, yn sydyn cerddodd dyn canol oed o gefn y gynulleidfa, sefyll eiliad ar y dorlan cyn camu gan bwyll fesul modfedd i ddyfnder yr afon. Gwnaeth hynny argraff gofiadwy arnom ni fel ymwelwyr—sylwi ar blygion siwt

Pont Brynbeddau dros afon Dwyfach, man bedyddio aelodau'r 'Beirdd'

y dyn yn 'duo' fel yr âi'n ddyfnach, ddyfnach i'r dŵr, ac yna ar ôl ei drochi gan y gweinidog, dychwelodd at yr aelodau ar y lan, yn ddiferol o'i ben i'w draed, gan ymuno yn 'Haleliwia' yr emyn a genid mor angerddol yn awyr y diwetydd. (Pleser i minnau, yn ardal Rhos-lan gyfagos, yw dweud fy mod wedi pregethu yng Nghapel y Beirdd ar nos Wener gyntaf pob blwyddyn newydd ers yn agos i ddeugain mlynedd bellach.)

Ar Sadwrn tesog Gorffennaf yr 8fed 1950, daeth tyrfa luosog o bob cwr o Gymru i Gapel y Beirdd, a hynny gydag amcan deublyg: cofio canmlwyddiant marw Robert ap Gwilym Ddu, yn ogystal â gosod cofeb ar fur y capel iddo ef a'i gyfaill, Dewi Wyn o Eifion. (At hynny, roeddid wedi gosod carreg goffa ar fur cartre'r naill yn y Betws Fawr, a'r llall yn y Gaerwen.)

Gan fod yr addoldy'n orlawn, gyda channoedd yn sefyll o'r tu allan, wedi gwasanaeth byr o ddadorchuddio'r ddau lechfaen coffa gan y Dr William George, Cricieth, symudwyd i gae ar bwys y capel, a chynnal gweddill y dathlu yn awyr dirion y pnawn hwnnw o haf. Siaradwyd yno gan Gilbert Williams, Rhostryfan, William Morris, Caernarfon, T. H. Parry-Williams, Aberystwyth, gyda'r Aelod Seneddol, Goronwy Roberts yn llywyddu.

Wrth feddwl am y beirdd gwlad nodedig hyn, hyfryd yw nodi i'r ddau gael cyhoeddi eu gwaith, Robert ap Gwilym Ddu yn 1841, gyda'i gyfrol *Gardd Eifion* wedi'i golygu gan Caledfryn, a *Blodau Arfon* gan Dewi Wyn yn 1842—flwyddyn wedi'i farw. Mae'r 'Cyflwyniad' sydd yn y ddau lyfr hyn yn tystio'n eglur i ymwybyddiaeth y beirdd o bendefigion y stad. Yn *Gardd Eifion*, ceir a ganlyn:

To the Honourable E. M. Lloyd Mostyn
Sir,
. . . To you, therefore, I take the liberty of dedicating these pages, with every sentiment of respect for your personal character, and as a slight, but most sincere token of gratitude, for your steady patronage of Welsh literature.
I have the honour, Sir, to be
Your obliged and humble Servant,
ROBERT WILLIAMS
Betws Fawr, June 18, 1841.

Betws Fawr

Yn *Blodau Arfon* Dewi Wyn, cyflwynir y gyfrol yn yr un un
cywair yn hollol:

To the Hon. Edward M. Ll. Mostyn, M.P. for the County of
Flint, Lord Lieutenant and Custos Rotulorum for the County
of Merioneth
Dear Sir,
  . . . As an ardent lover of your country's weal, and warm
supporter of our Bards and Minstrelsy, as evidence by your
having presided at the late Royal Gordofigion Eisteddvod, as
well as by your general patronage of Welsh literature . . . I
know of no gentleman to whom I could with equal justice
dedicate this Volume of Works of your late talented Tenant . . .
        I am, dear Sir,
            Your most obedient and obliged
                Humble Servant,
                    THE PUBLISHER
Chester, May 1, 1842.

Pur daeogaidd, bid siŵr, ond cyfnod felly oedd hi. (Sylwer uchod, ar ôl marw Syr Thomas Mostyn yn ddi-blant, i'r etifeddiaeth ddod i'w nai, E. M. Lloyd Mostyn.)

Fodd bynnag, pan gyfansoddodd Dewi Wyn awdl i gyfarch gweithwyr y Lôn Goed, roedd Syr Thomas Mostyn yn fyw, a'r gwaith yn ei anterth, a bardd y Gaerwen yn ddibrin ei glodydd i'r pendefig. Dyma rai dyfyniadau:

Creu a wnewch i'n Caerwen ni,
Cysgod rhag dyrnod oerni;
Cysgodion lle cwsg adar,
Tŷ'r edn gwyllt a'r eidion gwâr . . .

Synnai hen oesau yn ôl
Fynd eithin mor fendithiol;
Defaid, gwartheg ac egin,
Cânt les a gwres rhag oer hin . . .

Irdwf ar hyd y fro hon,
Ail i binwydd Lebanon:
Mal Liban a Basan y bydd,
Drych wiwdrefn, derw a chedrwydd . . .

Ein Rhos fawr yn rhesi fil
Heb ddim elfydd, bydd milfil
O goed, aml mangoed, mil myrdd—addfeinion
Ac eraill preiffion gerllaw priffyrdd.
Pen y gamp i hon a gwyd,—lle weithian
Y llunir gwinllan well na'r Ganllwyd . . .

O! aed i'r moelydd i doi'r ymylau,
I odre'n bronnydd i drin ei bronnau;
Coroni pob cwr o'n pau;—gwŷdd tewfrig
A wna'n fonheddig ein hen fynyddau.
Gwinllannoedd o gynlluniau—gardd Eden
Ar dir y Gaerwen, o'r derw gorau . . .

A'r gair mawr a gario MAUGHAN;
Aed â'r gair da, a'r goron . . .

A da'r cof, wedi'r cyfan,
MAUGHAN am goed—minnau am gân.

(Sylwer fel y mynnai Dewi Wyn osod enw Maughan mewn priflythrennau bob gafael.)

Os dychwelwn i'r daith a gadael y Gaerwen, bydd y Lôn Goed yn ymnyddu'n llydanfrig am gryn bellter cyn i ffordd darmac wledig ei chroesi, a hynny am y tro olaf un. Ac yna ychydig ymlaen wedyn, mae'r cyfan yn darfod yn swta ddigon, heb ddim ond llinynnau o fieri'n rhoi cwlwm eithaf di-urddas ar hynt y Lôn a gerddodd mor falch trwy ganol Eifionydd. Ond hwn yw ei phen draw hi. Rywle rhwng ei brigau clywir brain yn crawcian, a thraw o'n blaen yn yr unigedd uchel, dacw Frynengan a Hendre Cenin.

Roedd sôn y bu'n fwriad gan John Maughan a'r Sgweier Mostyn yrru'r ffordd rhagddi am Bantglas a'i chyplu yn y man â'r briffordd o Bwllheli tua Chaernarfon. Ond y mae'n amlwg na ddaeth dim o hynny. Yn wir, clywais gyfaill ffraeth yn tystio i un amaethwr annibynnol ei ysbryd yn yr ochrau hyn nacáu hawl i'r stad basio trwy ei dir, er mwyn profi bod 'mistar ar Mistar Mostyn'!

Yn hwyr neu'n hwyrach, y cwestiwn a ofynnir gan bawb yw hwn: beth mewn difrif oedd amcan y ffasiwn lôn o gwbl? Fel y crybwyllwyd eisoes, roedd gwir angen ffosi'r ffermydd o un pen yr ardal i'r llall, pe na bai ond i lacio gafael y dŵr ar y tiroedd a'i gael i ddylifo'n rhwydd o'r corsydd.

Rheswm arall dros agor lôn newydd, gadarn oedd yr hwylustod a ddôi yn ei sgil i amaethwyr y fro; byddai 'traffordd' felly i'r troliau'n gaffaeliad anfesurol wrth gyrchu llwythi o'r llong galch a arferai angori yng ngenau Afon Wen. (Bryd hynny, roedd yna odyn galch yn gweithio yn y pentre.) Ac oni fyddai calchio'r tiroedd yn iechyd i bridd ac anifail?

Ar wahân i'w gwneud yn rhwydd iddyn nhw gludo mawn o

Gaerwen. Ar y mur, englyn coffa Robert ap Gwilym Ddu i'w ddisgybl:

Gyrrwyd i ni flaguryn—o ardd Duw,
Iraidd deg blanhigyn;
A'r nodd a rodd o'i wreiddyn
Yw da waith ein Dewi Wyn.

50

fan i fan, roedd y ffordd yn ogystal yn gyfle i'r ffermwyr fynychu marchnad hwnt ac yma. A chydag amser, ar ôl i'r pridd frasáu ac i'r meysydd ildio ydau, roedd hi'n ddelfrydol ar gyfer cario'r ŷd i'r melinau.

Ac o safbwynt y Plas ei hun, oni fyddai'r Lôn Goed yn agoriad llygad wrth i ymwelwyr o 'fyddigions' eraill ei thramwy, a chael golwg eang ar odidowgrwydd stad Mostyn?

Ychydig ar ôl cyflawni gorchest fawr y Lôn Goed, bu Syr Thomas farw yn 1831. Ond yr oedd gan y Mostyniaid stetydd eraill yn galw am sylw, fel Cors y Gedol ym Meirionnydd. Y canlyniad fu gyrru John Maughan draw i ardal Dyffryn Ardudwy. Yno, bu'n trigo yn Hendre Fechan, a fu ar un adeg yn gartref i gangen o deulu'r Phylipiaid.

Yn 1845, adeiladodd John Maughan ddarn newydd at yr hen annedd, a chredaf y gellir gweld uwchben y drws hyd heddiw gerfiad o'r llythrennau 'J.M'. Yr un oedd ei orchwyl yn Ardudwy ag yn Eifionydd gynt, sef sychu tir a phlannu coed, ond ni fentrodd ar unpeth i'w gymharu â'r Lôn Goed orchestol honno.

Ymhen amser, gadawodd John Maughan Gymru'n gyfan gwbl. Symudodd i Broomsgrove yn Lloegr, ac yno y bu farw yn bedwar ugain oed, a'i gladdu ym mynwent Alvechurch, swydd Gaerwrangon.

Fel y tynnwn ni at ddiwedd yr ugeinfed ganrif, gwelodd cwmwd Eifionydd swm o newid. Daeth ymryson y 'newyddfyd blin' i'r ardaloedd tawelaf oll bellach gyda lorri a modur yn rhoncian ar y ffordd, tractor yn ffrwtian yn y maes, a sgrech jet yn rhwygo'r awyr.

John Maughan, Robert ap Gwilym Ddu, Dewi Wyn, rheilffordd yr L.M.S., stad Mostyn . . . er bod pawb a phopeth felly wedi hen ddiflannu, eto mae'r Lôn Goed yn aros.

Ar ambell bnawn tawel, a'r brigau'n swrth o dan haul, siawns na ellir profi o hyd fymryn bach o 'flas y cynfyd'. Ac wrth gysgodi o dan y deri a'r ffawydd mawr, fe ddichon y 'llonydd gorffenedig' alw heibio am funud neu ddau. Ond y mae hwnnw bellach yn llawer mwy swil nag y bu.

Pen pella'r Lôn Goed, islaw Hendre Cenin

52

'Y TAWEL GWMWD HWN'

Am i mi dreulio fy mebyd o fewn chwarter awr i'r Lôn Goed (fel y rhedai hogyn), roeddwn ar ei chyrion yn barhaus. Byddwn yn ei cherdded ar droed neu'n ei chyrraedd ar feic, a phan aem i hel llugaeron i gors Rhosgyll, roedd hi i'w gweld draw yn ymwáu'n ddeiliog trwy'r 'tawel gwmwd hwn'.

Tawel, yn wir, yw'r gair dewisol. Yr unig beth a dorrai'n lled egr ar dawelwch y fro oedd trên yr L.M.S. yn pasio'n ysbeidiol rhwng Afon-wen a Chaernarfon. Bryd hynny, gwelid y mwg yn ffrwydro allan o gorn yr injan gyda chlecian meteloedd ar y rheiliau. Ond cyn pen dau funud byddai'r trên wedi diflannu, a llifai'r tawelwch yn ôl i'r cwmwd fel cynt.

Wrth rodianna'n blentyn ar fore tawel o wanwyn, byddwn yn medru clywed sŵn pry yn hedfan heibio, ac wrth ogordroi ar bwys llidiart fferm, arhoswn i wrando ar iâr yn mân-siarad efo'i chywion cyn crafu'r ddaear nes i gwmwl bach o lwch godi o'i hôl. Mae'n wir bod synau cryfach yn digwydd, fel cyfarthiad ci y fan hyn, bref dafad y fan acw a geiriau sgwrs rhwng dau y fan draw. Cyn bo hir, dôi clepian pedolau wrth i geffyl dynnu trol, ac fel y dynesai clywid sŵn graean yn crensian o dan yr olwynion mawr. Eto, roedd gan bethau felly hawl i'w sŵn am eu bod yn rhan annatod o fywyd yr ardal, ac ar ryw wedd yn fath o gyfraniad at dawelwch y gymdogaeth. Wedi'r cyfan, nid tawelwch mynwent oedd llonydd y Lôn Goed.

Yng nghyfnod diofal bachgendod, mi dybiaf mai rhedeg ar negesau dros Mam a'm cyrchai tuag ati; mynd i'r Betws Fawr i nôl menyn neu i Dŷ Lôn am ddwsin o wyau (basgedaid o eirin hefyd yn eu tymor), a phrin y trown o fuarth na fferm na thyddyn heb gael brechdan jam i'm gyrru ymlaen i'r daith. Dro arall, awn dros Mam i Chwilog gydag esgidiau i'w gwadnu, ac yna o weithdy cyfyng y crydd i le Wil John Bwtsiar am gig at y Sul. Ar bob un o'r teithiau uchod, byddai'n rhaid croesi'r Lôn Goed yn rhywle, neu o leiaf fod ar ei chyrion.

Giât-fochyn ar draws y Lôn Goed

O feddwl, onid yw plant yn greadigaethau rhyfedd? Wedi nôl neges, byddai'n rhaid oedi ar y ffordd yn ôl i flasu mymryn ar y cynnwys, fel pe baem ar ein cythlwng. Agor un paced pigfain i sipian telpyn o furum. Ni châi'r dorth, hithau, lonydd chwaith; gwthio ewin i'w chrasiad er mwyn cnoi darn o grystyn, a chyn cyrraedd adre byddai'r dorth wedi cael ei phlicio i'r byw. Bwyta eirin o'r fasged dan boeri'r cerrig allan fel bwledi; gall fod ambell goeden eirin yn tyfu ar lanerchau yn Eifionydd, a hynny'n llwyr o'n hachos ni.

Un tro, cofiaf i'm brawd, Wil, a minnau fynd i siop John Tomos yn Llanystumdwy i godi haldiaid o neges. Ar y ffordd yn ôl, dyma aros wrth bont Pigau'r Sêr yn y coed am i ryw ffansi ddod dros Wil i agor owns faco-cetyn fy Nhad. Dadlapiodd un pen i'r paced gan bwyll, tynnu allan binsiaid o'r deiliach tywyll, a'u gwthio'n belen i gornel ei geg, yn ôl arfer William Jones, Cae Coch, un o weithwyr y stad. (Mae'n rhaid mai edrychwr diniwed oeddwn i y pnawn hwnnw, am i'm brawd ddyfarnu fy mod yn rhy ifanc i ymhél â rhyfyg o'r fath.) Yn y cyfamser, wrth gau pen agored y paced nicotinaidd, bwriodd Wil ati i gnoi yn eithaf ffyrnig gan saethu ambell boeriad i'r gwellt, fel petai wedi arfer â chnoi baco o'i fabandod.

Yn y man, sylwn fod gwedd Wiliam yn gwelwi'n rhyfedd, a'i lygaid glas yn byllau yn ei ben, a'r diwedd fu iddo fynd i'w ddyblau gyda chyfog gwag yn ei ysigo i'r ddaear. Roedd cyflwr fy mrawd hŷn yn dirywio'n resynus fesul eiliad, ac erbyn cyrraedd adre roedd Wil cyn wynned â'r galchen ac yn wirioneddol sâl. Cofiaf i Mam ddyfalu fod rhyw anfadwch rhyfedd wedi taro'i mab, ac iddi'n dirion iawn ei helpu tua'r gwely. Yna, bu wrthi, druanes ddiniwed, yn crasu bara tenau o flaen y tân cyn cyrchu'r tôst a'r te hyfryta'n bod i'r llofft er mwyn ymgeleddu'r claf. (Nid eglurwyd i neb hyd heddiw mai'r baco a orlethodd Wil!)

Roedd Jac, ein brawd hynaf, yn gallach peth, ac yn rhyw fath o bennaeth di-lwgr ar ei frodyr a'i chwiorydd iau; ni chofiaf iddo ef erioed herio Dengair Deddf ein magwraeth. Eto, yn ei gyfrol *Pigau'r Sêr*, mae'n cyfaddef iddo'i gael ei hunan mewn caethgyfle gwir beryglus un tro. Roedd wedi llwyddo i ddringo dros y toeau at dŵr uchel y Plas (lle na ddylai fod o gwbl), ymwthio wedyn trwy drap-dôr plwm oedd â'i bwysau'n arswydus, ac i'r drws melltigaid hwnnw gau'n glep ar ei ôl a'i garcharu o olwg ac o sŵn pawb. Am nad oedd Jac yn arfer ag ynfyd gampau o'r fath, gallesid bod wedi chwilio amdano trwy goedydd y Gwynfryn a than dorlannau afon Dwyfach. Ond nid felly y bu, diolch byth.

Am Wil a minnau, rwy'n ofni bod ffôl bethau'r byd yn gryn dynfa i ni'n dau; sleifio i'r coed i danio stwmpan sigarét, neu yn niffyg hynny, mynd ati i baratoi ein defnydd mwg ein hunain. Hollti mesen yn ei hanner a chyllellu'r cnewyllyn allan fel bod gennym bob un 'gwpan' gwag. Chwilio wedyn am lwyn gwyddfid, a thorri coesyn tair modfedd mewn hyd; gwyddem yn dda y gellid chwythu neu sugno'n rhwydd trwy gwilsyn felly o frigyn gwyddfid. Stwffio'r coesyn i waelod y 'cwpan' fesen, a llenwi hwnnw i'r ymylon â mwsogl crin. Ar ôl

Plas Gwynfryn, adeiladwyd 1870; aeth ar dân 1982

creu cetyn (neu bibell) felly allan o rad roddion byd natur, tanio'r mwsogl-faco nes bod mwg chwerw yn torchi o'n cwmpas. Er mai mygyn amrwd ddifrifol oedd hwnnw, caem y cysur rhyfeddaf o weld yr arbrawf llosg yn 'gweithio'.

Dro arall, aem i gerdded y coed i chwilio am fforch fechan ar gyfer gwneud sling—*catapult*. Wedi torri un (oddi ar goeden onnen fel arfer) byddem yn clymu ar bob pen i'r fforch ddarn, tua naw modfedd mewn hyd, o rybar main a sisyrnwyd allan o hen diwb beic. Yn cyplu'r ddau rybar wrth ei gilydd yn y canol yr oedd tafell o ledr esgid. A dyna ni'n barod. Gosod carreg fechan yn y lledr, ei dal rhwng bys a bawd y llaw chwith, halio'r rybar yn galed at-yn-ôl gerfydd y lledr â'r llaw dde, ac yna gollwng nes bod y garreg yn gwanu ar ei thaith cyn iddi daro rhywbeth yn y winllan, pe na bai ond brigyn. Gorfoledd o beth fyddai clywed y garreg wibiog yn creu chwibaniad main o *ricochet* wrth adlamu trwy'r canghennau.

Pan ddôi hydref i'r coed, byddai gennym firi arall i roi cynnig arno. Chwilio am bren ysgawen y tro hwn, a llifio cangen tua chwe modfedd mewn hyd a dwy fodfedd o drwch. Wedi cael darn felly bob un, âi Wil a minnau tuag adre'n ôl i gwblhau'r dasg. Yno, byddem yn rhoi procer fain yn y tân, a phan fyddai honno'n wynias, ei gwthio trwy ganol union yr ysgawen nes llosgi'r bywyn meddal o fod, a chreu twll glân trwy'r dernyn. Wedyn, naddu cat o bren trwch pensel, a'i gael i redeg yn rhwydd trwy'r twll a losgodd y procer. A dyna'r erfyn yn barod i'w ddefnyddio.

Allan â ni i gasglu pocedaid o fes. Torri mesen yn ddeuddarn, gwthio un hanner i'r twll yn y pren ysgaw a'i daro'n dynn i'w le. Gwasgu hanner mesen eto i'r twll yn y pen arall. Ac yna, dôi'r prawf terfynol: gwthio'r ffon-bensel yn galed yn erbyn y fesen agosaf gan greu cywasgedd dwys o'r tu fewn gyda'r canlyniad i'r fesen yn y pen arall saethu allan efo clec eithaf syfrdanol. Yr enw gennym ar yr erfyn hwnnw oedd 'gwn-claits'.

Un dydd o haf, roedd Wil wedi cael gafael ar wn 'iawn', dryll a fedrai saethu bwledi tatws. Yr un egwyddor oedd ar

Ffawydden wedi'i himpio'i hunan yn ddidoriad mewn cangen arall

waith yn y dryll hwnnw ag yn y gwn-claits: gwthio tafell o daten i ddau ben y baril nes creu cywasgedd o awyr, a phan dynnid yng nghlicied y gwn byddai'r ergyd yn tasgu allan gyda ffrwydrad nerthol.

Y diwrnod hwnnw, daeth bachgen diarth atom i chwarae, digwyddiad pur anarferol am na fyddai neb yn mentro y tu fewn i derfynau preifat y stad. Dic oedd enw'r hogyn (o Lanefydd, os cofiaf yn iawn), wedi dod am y dydd oherwydd bod gan ei dad fusnes yn y Plas. Am ei bod yn bnawn annioddefol o boeth, tynnodd y tri ohonom ein crysau a mynd i'r coed i chwarae cowbois, un i ymguddio, a'r ddau arall i godi'i drywydd. Wedi i ni, fel dau frawd, chwilio'n hir am ein cyfaill newydd, toc daethpwyd o hyd iddo'n swatio o dan goeden ffawydd. Pan gododd o'i blyg i wynebu'r ddau ohonom, pwyntiodd Wil ei ddryll ato, ac yn nhraddodiad y West, fe'i siarsiodd â'r frawddeg arferol, 'Stick 'em up!' Ond nid oedd osgo codi'i freichiau ar y cowboi diarth. Ar ôl un 'Stick 'em up' arall, camodd Wil o fewn dwy droedfedd at ei 'elyn', ac ar fy ngwir, dyma fo'n tanio'r gwn nes bod Dic Llanefydd yn neidio fodfeddi i'r awyr. Ac ar ei frest, gwelid cochni lle'i saethwyd gan yr ergyd daten!

*   *   *

Os na fyddwn yn crwydro'r coed gyda'm brawd, y man tebycaf o ddod o hyd imi oedd Tŷ Lôn, am mai yno'r oedd John (J. R. Owen) fy nghyfaill mebyd yn byw, ac awn heibio'n aml i nôl piseraid o laeth enwyn. Weithiau, ar y ffordd tuag adre, a hithau'n wres, byddwn yn gorffwys o dan goeden, yn tywallt jòch o laeth enwyn i gaead y piser a drachtio nes bod brath yr enwyn yn oeri tafod a llwnc.

Er bod llaeth Tŷ Lôn yn gyson odidog, mae dau le arall yn mynnu cyffroi'r cof. Un yw'r Eisteddfa Fach ar ucheldir Pumlumon, a'm mam yng nghyfraith wedi bod wrthi'n dyfal droi pwt o fuddai foliog oedd ganddi. Pan ddaeth y cynnwys allan o'r corddwr, roedd blas yr enwyn, gyda pheli bach o fenyn yn nofio ar ymyl y cwpan, yn brofiad sydd wedi aros yn hyfrydwch hyd y dydd hwn.

Y lle arall yw'r restoran unig y daethom ar ei draws ar fynydd-dir moel yng ngwlad Twrci, a hithau'n Fedi aruthrol o boeth. Doyrum oedd enw'r parth anial hwnnw, ac ar wahân i'r bwyty pren hwn, nid oedd na thŷ na thwlc i'w weld am filltiroedd o'r fangre. Cerdded i mewn i'r caban gwledig, lle'r oedd bwrdd pren hirgul ar hytraws yr ystafell gyda stolion di-gefn, uchel o'i gwmpas.

Nomad oedd perchennog y lle, a fu ar un adeg yn bugeilio'i breiddiau ar gribau Anatolia, nes iddo (ar ei addefiad ei hunan) sufulo peth, a phenderfynu cadw math o restoran yn y lle dinadman hwnnw. Ond yr oedd ganddo ddau enllyn rhyf-eddol eu blas a'u hansawdd. Iogwrt oedd un, a thybiaf nad oes neb yn unman a ddichon wneud iogwrt hafal i'r Tyrciaid.

Am y llall, gwydraid trwm o laeth enwyn nad yfais erioed ddim i'w gymharu ag ef. Cofiaf ofyn i'r nomad, fesul sill a chan bwyll araf: 'Is this . . .' dan bwyntio at fy ngwydraid enwyn, '. . . of cow . . . or sheep . . . or goat?' Deallodd fy nghwestiwn, a'm hateb yn llawen falch: 'It is . . . the three . . . cow . . . sheep . . . *and* goat!'

Pa ryfedd! Roedd i'w laeth enwyn drwch a chwenc na ddrachtiais ei fath yn fy myw er imi yfed galwyni allan o biseri'r Lôn Goed.

Fel y tyfwn trwy'r glasoed, a'r corff yn grymuso beth, aeth yn arfer blynyddol gennyf fynd i Dŷ Lôn ar adeg cynhaeaf gwair. Owen Thomas Owen—Ŵan Tomos i ni—oedd tenant y tyddyn, a chan ei fod yn gweithio'n gyfagos yng ngerddi Plas Talhenbont ar stad Gwynfryn, ni allai o'r herwydd fod gartre'n trin y gwair yn ystod y dydd. Y canlyniad oedd i'w fab, John, gymryd at y cyfrifoldeb hwnnw, ac awn innau draw i helpu.

Tyddyn o bedair buwch a phedwar cae oedd Tŷ Lôn—Cae Beudy, Cae Canol, Cae Pella ac un llain yn y gwaelodion lle byddai Bet, meddai hi wrth Grace (chwiorydd John) yn arfer gweld y Tylwyth Teg. O gofio mai cyfnod yn gofyn am ddarbodaeth ddiollwng oedd blynyddoedd y tridegau, byddai

Tŷ Lôn, cartref mebyd J. R. Owen

cael gwair y tyddyn o dan do yn dynghedol bwysig. Pa ryfedd ein bod wrthi ar dymor cynhaeaf yn llwyr lanhau'r caeau bach o bob un gweiryn y gellid ei godi. Pa ryfedd wedyn, os ceid tymor glawog, fod pryder y tyddynnwr yn gnofa ddwys ar ei ysbryd. (Pryder calon felly a barodd i amaethwr yn Rhos-lan edrych ar ei faes llwm gan egluro wrth ei gymydog, 'Edrych ar y cae yma mewn difri. Mae'r hen gaseg acw wedi'i bori o nes ei fod o fel orcloth!')

Pan glywn innau fod gwair Tŷ Lôn ar lawr, byddai'n rhaid aros nes cael diwrnod o haul, a gorau oll os ceid gwynt ar ben hynny. Ar bnawn dethol felly y cyrchai John a minnau i'r Cae Canol gyda phicwarch a chribin yr un, a bwrw ati i droi'r gwaneifiau llipa dan sgwrsio'n llinyn.

Ar bnawn cynta'r haf gyda gorchwyl felly, byddai coes y cribin wrth gyson rwbio rhwng bawd a bôn bys y llaw dde yn creu poethder ar y croen, ac wrth i hwnnw fynd yn fwyfwy tendar, cyn pen teirawr byddai wedi magu pothell boenus. Bryd hynny, i arbed peth ar y dolurio, byddwn yn newid dwy law a chydio yn y gribin bellach o chwith hollol. Golygai hynny y byddwn yn symud ymlaen hyd ymylon y gwaneiffiau dan facio'n ôl, fel petai!

Un diwedd pnawn, ac Ŵan Tomos wedi dod adref o'i waith yng ngerddi'r Plas, digwyddodd fy ngweld wrthi'n troi'r gwair gan fynd ymlaen yn fy ngwrthol, megis. Pan esboniais wrtho fod y croen rhwng bys a bawd y llaw dde'n gignoeth, a'm bod wedi gorfod newid fy ngafael er mwyn i'r llaw chwith f'arbed am sbel, edrychodd yn ddyrys arnaf. 'Wel wir,' meddai, 'welais i erioed neb yn mynd ymlaen efo'i gefn at y wana' cyn heddiw. Tybed mai yn wysg dy din y doist ti i'r byd, dywed?'

Ar ôl rhyw dridiau o lafurio'n y gwair byddai'r croen anafus wedi caledu, a chyrn gwydn wedi magu ar gledrau'r dwylo, ac am weddill yr haf gellid trin holl arfau'r tyddyn heb boen yn y byd. Os bygythiai glaw at fin nos, byddai'n rhaid newid y patrwm. Bryd hynny, yn lle chwalu'r gwair, byddem yn ysgubo'r rhenciau gyda phen isa'r gribin â'i dannedd at-i-fyny, gwthio honno'n gyflym fel sglefr nes bod y gwair yn torchi'n bentwr parod i'w ffurfio'n fwdwl crwn. Cesglid nifer o fydylau felly ar hyd a lled y cae gan doi pob un rhag i'r genlli socian i ddwfn y gwair.

Wedi i'r glaw gilio ac i sychwynt ddod yn ôl, aem i'r cae eto fyth, a'r tro hwnnw chwalu'r mydylau â phicweirch dros wyneb y tir er mwyn i haul a gwynt weithio arnyn nhw. Yna, wedi oriau o wres ac awel, y min hwyr yn desog ac Ŵan Tomos adre'n ôl o'r Plas, byddai'r cae yn barod i'w hel. Dyna pryd y gwelais ysbryd y gymdogaeth gynnes yn dod i'r amlwg: Ŵan Tomos yn picio draw i'r Betws Fawr oedd ar ein pwys, a chyn bo hir yn dychwelyd wedi cael benthyg ceffyl a throl y fferm ar gyfer cario. Yn ystod yr hwyr hwnnw o haf, byddem wrthi'n ddiorffwys, un yn codi'r gwair fesul fforchiaid a'r llall yn y trwmbal fel llwythwr yn gosod pob sypyn yn ei le nes o'r diwedd i'r llwyth fagu lled ac uchder derbyniol.

Am y tŷ gwair â ni wedyn, un â'i bicwarch yn taflu'r gwair o'r drol, a'r llall o'r tu mewn yn derbyn gan daenu gwely gwastad ar waelod yr helm a'i sarnu ar hyd ac ar led. Wedi gwacáu'r drol, yn ôl i'r cae am lwyth arall, ac un arall, ac un arall . . . Ar ôl pythefnos a mwy o lafurio felly, profiad braf oedd gweld y caeau bellach yn lân, a llwyth olaf un y tymor ar y ffordd i'w gadw. Erbyn hynny, byddai'r sawl a fyddai'n derbyn yn y tŷ gwair yn gorfod plygu i'w gwman, gyda blaen ei bicwarch yn clecian yn erbyn sinc y to. A hynny am fod y tŷ gwair yn llawn i'r top uchaf.

Bellach, yn oes y peiriannau, newidiwyd patrwm amaethu drwodd a thro. Boed y tywydd beth y bo, caiff y gwair ei dorri'n las a'i drin yn ei sefyll, ei rowlio'n beli enfawr cyn lapio'r rheini mewn plastig du a'u gadael yn bentyrrau ar bennau'i gilydd ar gwr maes neu ar bwys ysgubor. Mae'r arbed ar dreth gorfforol y gweithiwr yn anghredadwy fendithiol, o gofio dyddiau'r pladurio, y cribinio a'r fforchio o fwdwl i drol, ac o drol i das—a'r cyfan oll yn dibynnu ar y tywydd, pan allai haf chwannog i'r glaw un ai ddifetha'r cnwd yn llwyr, neu beri bod ansawdd yr hyn a arbedwyd wedi dirywio'n druenus.

Er mor hwylus yw'r ffasiwn newydd, mae'n rhaid derbyn bod rhywbeth oedd yn gartrefol gynnes yn hen drefn 'y tawel gwmwd hwn'. Roedd y cae ei hunan yn 'gartrefol'; nid yr ehangder o faes fel a geir heddiw gyda'r hen derfynau a fu gynt wedi'u hysgubo allan o fod. Dim ond rhyw sgwaryn o acer neu ddwy oedd pob cae, gyda choed a llwyni'n tyfu'n gysgod persawrus ar gloddiau'r rheini.

Am y llafurwyr, 'cartrefol' yw'r gair i'w ddisgrifio hwythau'n ogystal; byddai teulu'r tyddynnwr, yn wryw a benyw, yno i gyd ar y maes gydag ambell gymydog wedi troi heibio i roi help llaw, a phobun â'i dasg wrthi'n stwna'n ddiwyd ar hyd a lled y cae bach. Ac o gwmpas pawb a phopeth, y tawelwch anniffiniol hwnnw. Ar wahân i bwt o sgwrs wrth lafurio, yr unig sŵn oedd cribin yn crafu trwy'r arfodion a'r gwair sych 'yn canu' (chwedl Glyn Pensarn wrthyf un tro), tinc picwarch yn taro ar garreg go bowld, sigl y drol wrth symud o fwdwl i fwdwl, a'r ceffyl yn awr ac yn y man yn ffrwtian trwy'i ffroenau.

Bûm yn rhyfeddu droeon at y creadur hardd hwnnw'n sefyll

mor llonydd rhwng y llorpiau. Synnu wedyn at ei ufudd-dod yn camu plwc ymlaen, ac yna'n aros ysbaid arall wrth i'w lwyth drymhau fesul fforchiaid. Sylwi ar y cwmwl pryfed yn ymwáu o gwmpas ei ben, rhai yn cerdded ar ymyl ei lygaid mawr ac yntau'n ysgwyd ei wddf nes bod chwip ei fwng yn chwalu'r pryfed i bobman dros dro. Ambell bryf yn cosi'i gnawd mor eithafol nes creu cryndod trwy'i gyhyrau cryfion.

Mae'n wir y gallai'r pryfed fod yn ddiflastod i ninnau yn y cae gwair, yn enwedig ar fin hwyr clòs a gormes y gwybed mân a'u pigiadau asid yn codi gwrymiau ar groen. Ac os dôi'r pry llwyd o hyd inni, gallai pigiad llym hwnnw fod yn ysol, yn arbennig os byddai wedi tynnu gwaed. Roedd gan yr hen bobl ddamcaniaeth fod anterth arbennig o bigo gan wybed y cae gwair yn darogan tro yn y tywydd.

Yn sydyn, mae Ŵan Tomos yn torri ar dawelwch prysur y gweira: 'Wyddoch chi be, hogia! Mi fydd yn rhaid inni gael y cae i mewn i gyd heno. Mae arna i ofn bod yna sŵn glaw yn y gwynt. Glywch chi o?' Ninnau'n gwrando ac yn dysgu gwersi tywydd gan ŵr profiadol y pridd—awel sydyn yn plycio'n hyglyw trwy berthi'r clawdd a thawelu'n rhyfedd ar ôl hynny. Ymhen sbel, y gwynt yn hyrddio eto fyth nes bod mân hadau'n chwyrlïo i lawr arnom o'r deri a'r fasarnen draw.

Ond ba waeth! Roedd hi bellach yn llwydnosi, a chydag un daliad brwd arall, byddai'r hen geffyl yn tynnu'r llwyth olaf i ddiddosrwydd y tŷ gwair, a bwried hi a fwriai wedyn. Ŵan Tomos yn tywys yr anifail a'r drol wag trwy'r gwyll i'w dadfachu wrth stablau'r Betws. John a minnau'n cadw'r arfau'n ddiogel, a chau drws y cwt arnyn nhw tan gynhaeaf y flwyddyn ddilynol.

Er mor braf oedd dod i ben â'r caledwaith, ar ryw olwg mi fyddai'n chwith ar ei ôl. Chwithdod am y sgwrsio a'r hwyl a fu rhyngom yn y caeau bach, chwithdod am lyfnder coes y gribin hyd yn oed, heb sôn am deimlad sypyn o wair a'i graster ar gledr llaw.

Efallai y teimlwn y chwithdod mwyaf oll ar ôl yr arogleuon— yr aroglau unigryw hwnnw pan yw gwair newydd ei dorri, melystra glaswellt a blodau meillion mewn llawn nodd. Mae i aroglau gwair sych, yn enwedig o dan do, bereidd-dra sydd ymhell uwch geiriau. Ond trwy'r cyfan, ni waeth beth a fyddai'r tywydd, roedd aroglau pridd yn codi o lawr y cae yn ddyddiol fel hollbresenoldeb cryf. A phan ddôi'r ceffyl atom i weithio, roedd i'r creadur godidog hwnnw ei sawr trwm, cynnes, fel math o sawr cyfeillgarwch, am wn i.

Ond mae llais uchel yn galw o gyfeiriad y tŷ: 'Hogia! Swpar yn barod!' Misus Ŵan Tomos, yn groeso i gyd yng nghegin Tŷ Lôn, a'r swper y peth blasusa'n bod. O'r diwedd, troi tuag adre trwy lwybrau tywyll y winllan, colomen yn ffwdanu mewn llwyn eiddew, a thylluan yn hwtian yng nghoed y Plas. Wedi cyrraedd adre, cael golchfa boeth, a'r sebon yn llosgi mewn ambell doriad ar groen. I'r gwely'n ddiolchgar a chysgu'n syth o wir ludded.

Deffro fore trannoeth, ias oer yn y llofft a'r glaw'n gwastrodi'r ffenestr. Ond pa ots! Onid oedd gwair Tŷ Lôn i gyd o dan do?

Yn nes ymlaen yn y flwyddyn, clywid sŵn arall oedd yn rhan o'r 'tawel gwmwd hwn'. Sŵn dyrnwr ar waith. O wrando arno'n grwnian yn y pellter, gallem ei leoli'n eithaf diogel, a gwybod eu bod wrthi'n dyrnu yn Nhyddyn Du, Penybryn neu'r Hendre. Ar un wedd, roedd ei sŵn yn debyg i gacwn anferthol wedi ffwndro mewn potel. Ar wedd arall, roedd hymian y dyrnwr o bell fel nodau anthem undonog, a'r côr unsain heb fod yn rhy siŵr o'r amseriad.

Un Sadwrn, daeth y dyrnwr i'r Betws Fawr, ac yn union fel y dôi ffermwyr i helpu'i gilydd ar adeg cneifio, mae'n debyg mai dull Ŵan Tomos o dalu'n ôl am gael benthyg y ceffyl i gario gwair Tŷ Lôn oedd mynd i'r Betws ei hunan i roi help llaw, gan dynnu John a minnau yno i'w ganlyn.

Cofiaf i John gael ei yrru i ben y dyrnwr i dderbyn yr ysgubau a deflid i fyny ato. Ei dasg yntau wedyn fyddai torri'r rhwymyn â chyllell er mwyn porthi'r dyrnwr ag ysgub ar ôl ysgub. Bu wrthi felly am sbel dda, a sŵn y peiriant yn amrywio wrth i'w goluddion lyncu'r ysgubau a'u chwipio a'u chwalu a'u didol yn rawn a manus a'r melynwellt disglair hwnnw—lliw sy'n perthyn i goesyn ŷd, a dim arall.

Fel rheol, byddai'r dyrnwr, o'i fwydo'n rhesymol, yn canu grwndi eithaf bodlon, ond os digwyddai pall ar y porthi arno, ac yntau'n tueddu i droi'n wag, gallai trawsgyweiriad ddigwydd yn ei sŵn fel petai'n ubain am fwy o borthiant. Felly'n union y digwyddodd yn y Betws y pnawn hwnnw. Yn sydyn, a heb rybudd yn y byd, brysiodd John i lawr o frig ei lwyfan uchel a'i law'n llifeirio gwaed; roedd wedi cam-amseru'r trawiad â'i gyllell, a'r llafn wedi llithro gan achosi iddo dafellu'i fys ei hunan. Am nad oedd hamdden gan neb i ddandwn llawer arno, aeth John i'w ymgeleddu'i hun mewn cornel o'r buarth, a chyn pen dim anfonwyd fi yn ei le i ben y dyrnwr, ac yn y man roeddwn wedi dygymod yn burion â'r gorchwyl.

Yno y bûm yng nghanol y llwch a'r dadwrdd yn cynnal ysgub â'r llaw chwith, yn cyllellu trwy'r rhwymyn â'r llaw dde, ac yna'i bwrw i gyfeiriad y ceubal tyrfus. Roedd y picweirch islaw yn pitsio'r ysgubau ataf heb ddim pall, a phrin y medrwn ddal i fyny â'r galw. Wrth brysuro fwy a mwy i borthi'r dyrnwr barus, methais yn f'annel o fodfedd, ac yn hytrach na thorri llinyn yr ysgub, dyma'r gyllell oedd yn fy llaw dde'n trywanu ail gymal fy mawd chwith gan agor y cnawd fel pennog nes bod y gwaed yn ffrydio, a'r asgwrn agos â bod yn y golwg. Ac felly y daeth pen ar fy niwrnod dyrnu innau!

Mae'r hollt wen o dan gymal fy mawd chwith i'w gweld hyd heddiw. Mewn cyfnod sydd â'i batrwm amaethu wedi newid mor fawr, efallai y dichon craith diwrnod dyrnu o'r hen oes fod yn beth i ymfalchïo ynddi bellach!

*   *   *

O fod yn ymwneud cymaint â'n gilydd o'n mebyd, roedd John Tŷ Lôn a minnau'n cwrdd ar yr un donfedd yn union. Yn ddiarwybod, aethom i feddwl yr un meddyliau, synio'r un syniadau a siarad yr un geiriau. Byddem yn chwerthin am yr un math o ddoniolwch, ac ar faterion difrifol, yn ymddwysáu'n gyffelyb. Roedd rhywbeth yn annaearol yn y modd y byddem yn ymateb i wahanol amgylchiadau, gan ymdeimlo rhagllaw â chywair ysbryd y naill a'r llall, fel petai yna elfen delepathig yn symud rhyngom.

Aethom i'r un ysgol yn Llanystumdwy, felly hefyd i Ysgol Sir Porthmadog. Buom ein dau'n gweithio am dymor yn Ffatri Laeth Rhydygwystl rhwng Chwilog a phentre'r Ffôr. Oddi yno ein dau i golegau Bangor, Aberystwyth a'r Bala; chwarae yn yr un tîm pêl-droed, nofio yn yr un môr, dringo'r un mynyddoedd, aros yn yr un llety, ac yng nghyflawnder yr amser cawsom ein gwragedd o'r un sir, rhianedd glân Ceredigion, y naill o Lanfarian a'r llall o Bonterwyd.

Yn ôl yng nghyfnod yr Ysgol Sir, cawsom ein cyfareddu gan farddoniaeth Parry-Williams, a chyda'r blynyddoedd, wrth hamddena ar gwr y Lôn Goed, aem ati ein dau i gydadrodd rhai o sonedau'r bardd o Ryd-ddu. Cydadrodd fel parti o ddau! A chydadrodd gyda gorbwyslais bwriadol gan roi pwys arbennig ar bob 'ond' yn y darnau.

Gwyddem am gymeriad neu ddau yn ein bro, a phan fyddai'r rheini'n mynegi barn ar fater, rhoddent atalfa sydyn ar eu traethu gydag 'ond' grymus iawn. Gwyddem hefyd am ambell bregethwr yn trafod ei fater o gymal i gymal, ac yna wrth godi carlam gwyllt rhoddai'r cennad blwc egr ar yr awenau trwy floeddio'r gair 'OND' dros y capel!

Yn awr, byddai'n hawdd gan Parry-Williams lithro'r gair 'ond' hwnnw i aml soned o'i waith; wele italeiddio'r enghraifft ganlynol yn 'Llyn y Gadair':

> *Ond* mae rhyw ddewin â dieflig hud . . .
> Dim byd *ond* mawnog a'i boncyffion brau . . .

Neu'r cwpled cloi hwn yn 'Y Rhufeiniaid':

> Heb hidio gronyn nad oes dan y ne'
> Ddim byd a bery'n hir *ond* man a lle.

Yn ogystal â phwysleisio'r 'ond', byddem hefyd yn lliwio'r sonedau â rhythm llefaru ardalwyr y Lôn Goed, ac â thonyddiaeth eu llais, hyd yn oed. Yr hyn sy'n od yw y byddai John a minnau'n bwrw i'r 'cydadrodd' hwnnw heb unrhyw ragymarfer, a bod y perfformiad yn digwydd yn gwbl reddfol fel petai'r ddau ohonom yr un un person, gyda'r asio a'r amseru, yr ymatal a'r cyd-ddeall yn berffaith rhyngom. Pan ddaeth dyddiau'r coleg i'n rhan, parodd y twrn rhyfedd gyda'r sonedau hynny gryn hwyl mewn sawl noson lawen. Un tro, digwyddai Parry-Williams ei hunan fod yn y cynulliad, ac er mawr ollyngdod i'r ddau gellweiriwr bu'r bardd yn siglo chwerthin o glywed ei waith yn cael y fath driniaeth!

Y mae chwerthin yn iechyd o beth, ac efallai mai'r iachaf peth o'r cyfan yw bod dyn yn medru chwerthin am ei ben ei hunan. Cofiaf alw yn Nhŷ Lôn efo John, a drama'r noson cynt yn wên dros ei wyneb cyn iddo'i hailactio wrthyf. Hydref y flwyddyn oedd hi, a'r diwetydd yn nosi'n annisgwyl o sydyn wedi hir oleuni'r haf. Y min hwyr hwnnw, roedd John yn beicio tuag adref o dre Pwllheli.

(Cystal tystio yma ein bod yn feicwyr cedyrn a chyson. Onid felly yr aem yn ddyddiol i ddal trên yng Nghricieth i'n cyrchu am yr ysgol ym Mhorthmadog, a hynny ar bob tywydd? Onid felly yr aem i'n gwaith i'r Ffatri Laeth honno? Ar feic yr aem ar negesau pell ac agos, ac nid oedd hanner can milltir mewn diwrnod yn ddim gennym. Roedd ein cyrff yn llawn stamina, heb un cymal na chyhyr yn ein coesau'n gwybod dim oll am stiffrwydd, a'r galon, fel y fegin wynt, yn solet, iach.

Am y beiciau a farchogem, pethau ail-law a blinedig iawn oedd y rheini. Nid arfer dieithr yn y cyfnod hwnnw fyddai codi hen ffrâm beic o'r afon, chwilio am olwynion yn y domen-byd, bargeinio am lyw efo cymydog, ac efallai y prynid y cyfrwy'n newydd yn siop yr eiarmongar. Y dydd o'r blaen, gwelwn lanc pymtheg oed yn nyrsio'i feic, y peiriant lliwgar ganddo'n un cymhlethdod o lifars, rheng o olwynion cocos, a tsiaen yn nadreddu trwy ddannedd y rheini. O holi'r llanc am bris beic o'r fath, atebodd fi'n eithaf digynnwrf ei fod dros bedwar can punt, ac nad ystyrid hynny'n afresymol o ddrud. Ond am ein beiciau ni gynt, nid oedd cymaint ag un lifar gêr ar eu cyfyl, heb sôn am ugain fel a geir heddiw.)

Sut bynnag, y min hwyr hwnnw, roedd John Tŷ Lôn yn gyrru'i feic wrth ei bwysau o dref Pwllheli dan basio, yn y man, islaw pentref Aber-erch. Fe'i poenid braidd gan un peth—roedd y nos yn ei ddal yn gyflym, ac yntau heb lamp o fath yn y byd ar flaen nac ar du ôl y beic. Wedi dod at ffordd syth wal Broom Hall, gwelai olau coch yn symud gan bwyll trwy'r gwyll o'i flaen. Wrth ddod yn nes, gwelodd mai gŵr ar feic oedd yno, ac yn gwisgo helmet, plisman-gwlad ar sgawt wrth ei waith.

Am nad oedd gan John olau ar gyfer y tywyllwch, ymbwyllodd er mwyn cadw'n ddigon pell oddi wrth yr heddwas. Y drafferth yn awr oedd bod y plisman o'i flaen yn gyrru mor anghymedrol o araf nes bod John yn ei gael ei hunan yn dynesu tuag ato er ei waethaf. Mewn cyfyng-gyngor felly, daeth i gasgliad afresymol o fyrbwyll: penderfynu y byddai'n codi gwib a phasio'r plisman! Ac felly'n union y bu. Yn sydyn, pwysodd â'i holl nerth ar y pedalau nes bod yr olwynion yn chwipio troi a chyn pen dim dyma John a'i feic yn melltennu heibio i ŵr y gyfraith. Clywodd waedd o'r tu ôl iddo, 'Hei! ple mae d'ola di? Hei! Stopia!'

Ar ben clywed gwaedd y plisman, erbyn hynny clywai hefyd sŵn pedlo ac anadlu caled ar ei gynffon, ac o hynny ymlaen roedd hi'n ras wirioneddol rhwng deddf gwlad a throseddwr. Os ras oedd hi i fod, teimlai John yn eithaf hyderus y byddai'n siŵr o drechu'r swyddog ac y byddai wedi diflannu o'i olwg cyn pen milltir arall. Ond o bob trychineb, dyma'r beic treuliedig yn taflu'i tsiaen, a chyn pen deng eiliad roedd fy nghyfaill yng ngafael y gyfraith!

Bu'r heddwas wrthi'n bytheirio uwch ei ben am iddo drio'i wneud o yn sbort wrth feiddio'i basio, a hynny heb lamp, o bob digywilydd-dra! Mae'n rhaid cydnabod fod rhywbeth yn ddynol iawn ym mhlismyn-gwlad yr hen gyfnod. Anaml y bydden nhw'n codi helynt fawr gydag unpeth. Os byddai ambell un yn cambihafio mewn ffair, dôi'r plisman yno a'i glustochi â chelpan neu ddwy, a dyna setlo'r helynt yn syth yn y fan a'r lle. Yn achos rhyfyg gwallgof fy ffrind yn pasio'r plisman—o bopeth ynfyd i'w wneud—fe gafodd bardwn y noson honno, ond nid cyn i was y gyfraith ddweud y drefn yn bur hallt wrtho.

Ar aelwyd Tŷ Lôn yr hwyr hwnnw, bu'r chwerthin yn gofiadwy o huawdl, ac am oriau wedyn buom yn piffian yn ddilywodraeth—ac am ddyddiau i ddilyn, o ran hynny.

Gwyn ei fyd y gŵr a chwardd oblegid ei helynt ei hun.

*   *   *

Yng nghwrs blynyddoedd bywiog y glasoed, cyn bo hir dyma John a minnau'n ein cael ein hunain yn anelu at y weinidogaeth. Ni chofiaf o gwbl oll i ni drafod y mater hwnnw—dim ond i'r peth ddigwydd, a'n bod ein dau (unwaith yn rhagor) wedi anelu'n saethau at yr un darged yn union. Pan aeth y sôn ar led, yn naturiol bu sgwrsio am y fenter yn ein cartrefi yn ogystal ag ymysg llafurwyr a theuluoedd y stad.

Un canol dydd, euthum draw ar sgawt i'r ystafell sbâr honno yng ngolchdy Plas Gwynfryn lle byddai'r gweithwyr wrth fwrdd hir yn agor eu tuniau bwyd ar gyfer tamaid o ginio. Wedi cwrs o fân siarad, dyma un o'r seiri maen, Robat Wilias, yn taflu cwestiwn ataf,

'I ble'r wyt ti a John Tŷ Lôn yn mynd i gyfarfod y pwyllgor mawr yna?'

'I Gaer,' meddwn innau.

'Caer?' ymatebodd Robat Wilias gyda phwyslais uchel. A thoc ar ôl pendroni'n ddistaw, dyma fo'n ychwanegu,

'Wyddost ti be? Caer oedd y lle pella y bûm i ynddo fo gynta rioed.'

Er bod hanner cant a phump o flynyddoedd wedi pasio ers hynny, rydw i wedi gwarchod y gosodiad yna'n dyner hyd y dydd hwn. Mae rhywbeth sy'n ramadegol od yng nghystrawen y frawddeg, serch bod ei synnwyr yn mynnu gwthio trwodd er gwaetha popeth.

Yr adeg honno, ni wyddwn i'r nesaf peth i ddim am Gaer ar wahân i'r bag gwyn boliog hwnnw a fyddai'n eistedd yn llond ei groen ar gadair yn y pantri gyda'r ddau air BLAWD CAER mewn priflythrennau cochion ar y sachliain. Hwnnw oedd y blawd y byddai Mam yn ei dylino ar gyfer pobi bara i'w theulu.

Beth gan hynny yw'r stori Gaer hon? Wel, wedi cael llythyr yr oeddwn i'r bore hwnnw gyda'r neges y byddai Pwyllgor Bwrdd Ymgeiswyr am y Weinidogaeth yn cyfarfod yn ninas Caer ar ddydd Mercher, y pumed o Awst.

Roedd yna siars yn y llythyr i mi alw am un ar ddeg o'r gloch y bore am archwiliad meddygol yn syrjeri un Doctor Stuart Graham yn y ddinas honno. Ar ôl hynny, roeddwn i, a gweddill yr ymgeiswyr, i ddod am ginio i'r Grosvenor Hotel. Yn syth wedyn, roeddem i fod yng nghapel St John Street er mwyn i'r Pwyllgor ein holi fel darpar bregethwyr ac egin-weinidogion—math o archwiliad ysbrydol, debygwn i.

Pan wawriodd y dydd Mercher bygythiol hwnnw, roeddwn ar fy nhraed cyn codi cŵn Caer, ac wedi yfed cwpanaid o de cyn mynd i eillio ac ymolchi. Ar ôl bwyta brecwast a llyncu dwy gwpanaid arall, am y llofft â mi, a gwisgo fy siwt orau amdanaf. Ras wedyn am y beic ac i lawr tua phant Rhydycroesau nes cyrraedd Tŷ Lôn. Gan mai ar ganol ei frecwast yr oedd John, mynnodd Musus Ŵan, yn ôl ei chroeso arferol, fy mod yn tynnu at y bwrdd yn gwmpeini i'w mab, ac wrth ymgomio felly, llyncais gwpanaid neu ddwy arall o de.

Erbyn hanner awr wedi chwech y bore hwnnw, roedd John a minnau'n pedlo am orsaf Chwilog, a chyn pen ychydig, roeddem ein dau ar y trên, a'n golwg tua'r ddinas bell. Ar y cychwyn âi'r trên â ni dan bwffian yn fwg ac yn dân heibio i orsafoedd bach ein cynefin—Llangybi, Ynys, Bryncir, Pant-glas, Pen-y-groes, Groeslon, Llanwnda a Chaernarfon. Ymlaen o'r fan honno, roedd y byd yn dechrau troi'n lle dieithr iawn i ni'n dau. Ond ar ben popeth, roeddwn yn teimlo fymryn bach yn anghysurus yn gorfforol—peth hollol newydd i mi. Yr achos oedd yr holl de a yfais wedi codi yn y bore cynnar, yfed yn helaeth gartre, ac wedyn yn Nhŷ Lôn. Gwaetha'r modd, doedd yna ddim coridor yn y cerbyd, ac felly ni ellid gwneud dim ond diodde'r anghysur yn ddistaw nes dôi awr ymwared o rywle. Yn y cyfamser, roeddem yn craffu ar enwau cwbl ddieithr ar orsafoedd . . . Mostyn, Greenfield, Flint, Connah's Quay . . . ac o'r diwedd darllen yr enw bras—CHESTER.

Mae'n bendant fod yna le-dynion ar orsaf fawr Caer, ond gydag amser yn mynd yn brin a minnau braidd yn gysetlyd mewn man estron o'r fath, nid oedd dim amdani ond diodde'n ddistaw eto fyth gan how-duthian yn foldyn anesmwyth trwy'r ddinas i chwilio am syrjeri'r Doctor Stuart Graham hwnnw. Ar ôl holi llawer ar hwn ac arall, a rhuthro'n ffwndrus hwnt ac yma, toc wedi un ar ddeg, roeddem yn sefyll yn betrus yn ystafell y meddyg dieithr. Wedi tynnu côt a chrys ar ei gais, dyma'r Doctor Graham yn cydio yn ei stethosgôp gan roi cwrs o gornio ar asennau a chefn a brest.

Wedi hynny, aeth ati i archwilio safn a dannedd a thafod, a chael cip ar y clustiau cyn troi at y llygaid. Pan ddiffoddodd ei fflachlamp, mentrais innau ymadael. Ond ni ddaeth y diwedd wedyn chwaith. Gofynnodd imi orwedd ar fath o soffa ledrog, ddu, a dyna lle bu'r arbenigwr wrthi'n bodio a phwnio'r corff gan dapio'r cnawd yma a thraw. Yn sydyn, dyma fo'n plannu'i fysedd i ddwfn fy mol, a'r un mor sydyn dyma finnau'n rhoi gwawch uchel dros yr holl glinic. Stopiodd y doctor ar fodio'n syth, a gofyn imi mewn llais tawel ac amheus, 'Be sy'n bod yn fanna?'

Eglurais innau imi godi ers pump o'r gloch y bore, fy mod wedi yfed pedair neu bum cwpanaid o de cyn cychwyn, fy mod wedi teithio o bell, bell, ac na chefais nac amser na llecyn am ollyngdod yn un man. Chwarddodd y meddyg dros y syrjeri a dweud ei bod yn reit dda mai felly'r oedd pethau am fod yn rhaid iddo roi prawf ar y dŵr, a'i bod yn amlwg fod gen i ddigon o hwnnw beth bynnag! Estynnodd bwt o botel i mi gan egluro fod yna doilet yn y pen draw, a rhedais innau tuag yno'n ddiolchgar iawn, iawn.

Ymhen ychydig amser, a minnau'n llawer esmwythach fy myd, roedd Stuart Graham wedi dod i ben â'i archwiliad manwl arnaf, a chyhoeddodd gyda gwên fy mod i'n berffaith iach o'm pen i'm traed.

Draw â ni ar ôl hynny am y Gwesty Grosvenor hwnnw, ac fe garwn ychwanegu yn arddull y saer maen, Robat Wilias, 'mai'r Grosvenor oedd y lle crandia y bûm i ynddo gynta rioed'. A theg yw imi gyfaddef y byddwn yn llawer mwy cysurus gartre'n llowcio powliaid o datws-trwy'u-crwyn mewn llaeth enwyn.

Yna, wedi'r holl dreialon, dyma gyrraedd festri capel St John Street, a sefyll o flaen Pwyllgor mawr Bwrdd Ymgeiswyr am y Weinidogaeth. Mae'n bur debyg mai fi sydd ar fai, ond ni fedrais erioed gymryd at bethau trefniadol a ffurfiol o'r fath, ac os oeddwn i'n anesmwyth o flaen y Doctor, roeddwn i'n fwy anesmwyth fyth o flaen y doctoriaid.

Gofynnodd un clerigwr a oeddwn i wedi cael fy ngalw i'r gwaith, ac atebais innau na fentrwn i ddim honni peth mor fawr â hynny. Fe lediodd gŵr arall ddarn o adnod a gofyn i mi'i gorffen hi. Fedrwn innau ddim ar y pryd; roedd hi'n adnod bur anghyfarwydd i mi. Wedyn, dyma'r llywydd yn mynnu fy mod yn adrodd pennill, 'er mwyn i ni gael clywed sut lais sydd gynnoch chi,' ychwanegodd. Mentrais innau soned Williams Parry i Bantycelyn:

'Bererin pererinion llwyd eu gwedd
  Sy a'th wyneb pryd ynghrog—'

'Na! na! na!' torrodd y llywydd ar fy nhraws. 'Adroddwch Iesu-Iesu-rwyt-ti'n-ddigon.'

Dyma adrodd y pennill hwnnw, ynteu. Ond erbyn hynny, roedd y gwynt wedi mynd yn llwyr o'm tipyn hwyliau, o achos imi feddwl y buasai soned Williams Parry yn werth ei hadrodd o flaen unrhyw bwyllgor.

Yr wythnos ddilynol, cefais wybod beth oedd dedfryd y Bwrdd Ymgeiswyr arnaf: roedd f'ymgeisiaeth i gael ei gohirio am flwyddyn 'am fod y brawd ieuanc yn anaeddfed'. Ar fwrdd y Doctor Stuart Graham, roeddwn i'n gorfforol solet; ar fwrdd yr Ymgeiswyr, roeddwn i'n ysbrydol fregus.

Mae'n eithaf posibl fod y Pwyllgor yn iawn, cofier, er fy mod yn dal rywbeth yn ddigon tebyg o hyd. Ond wrth gofio'r anturiaeth ffwndrus honno trwy ddinas Caer a'i chlinic a'i chaffi a'i chapel, o un peth yr wy'n berffaith siŵr—mai dyna'r lle pella y bûm i ynddo gynta rioed! Gallaf gofio hefyd mor falch oedd John a minnau o gyrraedd yn ôl i orsaf Chwilog ar derfyn y daith ryfedd honno. O'r bore cynnar, roedd y diwrnod wedi bod yn hir, hir. Bu'r strydoedd yn ddryslyd a'r drafnidiaeth yn swnllyd. Mewn siop a syrjeri, mewn bwyty a festri, roedd pobol wedi bod yn bethau diarth, pwysig, hyd-braich.

Y min hwyr hwnnw, wrth i ni'n dau feicio tuag adre trwy ganol tawelwch Eifionydd, gwyddem ein bod yn dadebru'n braf ac yn cael bod yn debyg i ni'n hunain unwaith eto. Rhyw flwyddyn cyn hynny, cafodd T. Rowland Hughes ei ben-feddwi'n debyg gan ddadwrdd y ddinas—nid Caer, bid siŵr, oedd honno, ond Caerdydd. Eto wrth fynegi'i flinder ar ffurf soned, dyheu yr oedd yntau, fel ninnau, am gael bod yn ôl yn hedd Eifionydd:

> O swn a sawr y mil moduron chwyrn
> A holl wallgofrwydd yr ystrydoedd blin,
> I barc y ddinas trois lle nad oedd cyrn
> A thwrf ond trai ar ryw anghysbell ffin.
> I'm myfyr daeth Eifionydd, goed a ffridd,
> A swn y dwr dan bont y Betws Fawr,
> A blodau'n dryblith hyd y cloddiau pridd,
> A'u lliwiau'n her i'r enfys ac i'r wawr.
> Roedd yno heddwch, heddwch, haen ar haen,
> Heb ddim ond llais gylfinir gyda'r nos,
> A'r haul yn gwrido'r eithin yn y waun
> A throi'r Lôn Goed yn lôn o aur a rhos.
> Eifionydd deg! Gwyn fyd y gŵr â'i droed
> Hyd lwybrau'r adar swil ym mro'r Lôn Goed.

Enghraifft o 'fwa'i tho plethedig' a'r glaslawr ar gyrion Coed-cae-du.

'YMRYSON YNFYD'

Ymadrodd y Sais am yr ysfa sy'n gafael mewn rhai pobl yw *keeping up with the Joneses*. Efallai nad ysfa yw hi chwaith yn gymaint â thwymyn, a honno'n un blagus ryfeddol. Gall y firws a'i hachosa darddu o eiddigedd, o uchelgais neu o hyder, neu'n fwy tebygol o gyfuniad o'r tri. Os yw'r jonsyn acw ar ei ffordd i ennill yr holl fyd, pam na allaf innau ei efelychu, a bod cystal bob tipyn ag yntau, onid gwell o ran hynny? Fel yr angerddola'r dwymyn, eir ymlaen wedyn, strôc am strôc, i'w herio gyda chyflog a cherbyd a chartref, gyda siwt a sylw a statws.

Eto, nid twymyn ddiweddar, fodern yw hon. Yn wir, mae hi cyn hyned â'r ddynoliaeth ei hunan. Ceir hanes yn y Beibl am Samuel, a fu'n farnwr teg ar ei bobl gydol ei oes faith. Un dydd, daeth mintai o henuriaid Israel ato i roi ei gardiau i Samuel gan egluro pam wrtho, a hynny heb flewyn ar dafod, 'Yr wyt ti wedi mynd yn rhy hen, ac nid yw dy feibion yn cerdded dy lwybrau di; rho inni'n awr frenin i'n barnu, yr un fath â'r holl genhedloedd.'

Dyna dri rheswm sobreiddiol, a dau o'r rheini'n gignoeth o bersonol: dweud yn blwmp ac yn blaen wrth eu harweinydd ei fod yn rhy hen i fod o werth mwyach, ac ar ben hynny, hawlio nad oedd ei feibion yn ffit i gymryd ei le. Ond am y trydydd rheswm, daw hwnnw at graidd yr holl helynt, at wir achos yr anesmwythyd, sef bod Israel bellach wedi penderfynu gwrthod ei phroffwyd, ac am fynnu brenin yn ei le. A'r amcan y tu ôl i hynny oedd cael bod 'yr un fath â'r holl genhedloedd'. Mewn geiriau cyfoes: *keeping up with the Joneses*.

Pan yw'r dwymyn wedi cael gafael ar ddychymyg dynion, mae'n megino ymryson a all esgor ar swm o ynfydrwydd ac o chwerwedd. Am i Israel fynnu bod fel 'Jonesiaid' y cenhedloedd, golygodd hynny wthio'r hen gymwynaswr o'r neilltu a sarnu'n hollol ddifalio ar y traddodiadau. Eto, a bod yn deg, mae pawb ohonom ar ryw adeg yn cael ias o dwymyn efelychu'r Jonesiaid, er mwyn cael bod 'yr un fath â'r holl genhedloedd', fel petai.

Ar y cychwyn, gall fod yn chwiw ddigon diniwed, a digri hyd yn oed, fel y pnawn hwnnw o Fehefin pan welodd Wil a minnau bethau rhyfedd iawn yn dod i'r cae am y terfyn â'n gardd ni yn y Gwynfryn. 'Girl Guides' oedd yr enw arnyn nhw, a chyn nos roedd clwstwr o bebyll nobl wedi'u codi ar y borfa gyda rheng o enethod mewn iwnifform yn mynd a dod o gwmpas y gwersyll.

Yn ei gerdd 'Eifionydd', sonia Williams Parry am 'ymryson ynfyd chwerw'r newyddfyd blin'. Beth bynnag am yr ansoddair 'blin', roedd hi'n amlwg fod yna 'newyddfyd' diddorol iawn wedi cyrraedd o fewn ychydig lathenni i'n cartref ni. Ni chofiaf i'r merched, fel merched, apelio fawr at Wil a minnau (bryd hynny, o leiaf) ond roeddem ni wedi'n cyfareddu gan eu pebyll nhw.

Y noson honno y daeth yr 'ymryson' i ddechrau corddi dychymyg y ddau frawd. Mae'n wir nad oedd yr ymryson hwnnw ar y pryd nac 'ynfyd' na 'chwerw', ond yr oedd y dwymyn wedi rhyw gydio ynom. Wedi'r cyfan, os oedd y 'Girl Guides' yn cael cysgu mewn tent, pam na chaem ninnau wneud yr un fath? Ar ôl i'r gwersyllwyr hynny godi'u pac, cyn pen diwrnod neu ddau arall, roedd fy mrawd a minnau wedi gosod pabell yn libart yr ardd. (Ni wn eto o ble daeth y babell, ond dod a wnaeth hi.)

Erbyn amser gwely, dyma'r ddau ohonom yn llithro i wyll y babell er mwyn y profiad o 'gysgu allan'. Gorwedd ar ddaear anwastad, galed gydag aroglau gwellt wedi'i gleisio yn atgoffa am dent syrcas. Ysgafn hepian cyn cael ein deffro gan chwa o wynt yn fflapian trwy glytiau'r babell. Wedi troi a throsi am oriau, erbyn toriad gwawr roeddem yn dechrau cael gafael ar gwsg o ryw fath, ond fel y pelydrai'r haul cynnar trwy holltau yn y babell, daeth nifer o bryfed i'n poeni, y rheini'n suo o gwmpas y lle, yn cerdded ar groen wyneb a thrwy wallt, yn cosi ar ffroen a llygad, ac o bopeth i wallgofi dyn, yn ymdroelli yn ein clustiau ni.

Cofiodd Wil i rywun ddweud bod sbrigyn o wermod lwyd yn beth da i gadw pryfed i ffwrdd. Codi ein dau am hanner awr wedi pedwar, ffatian trwy'r gwlith i dorri'r wermod yn llwyn yr ardd, a chan ein bod wrthi, cymryd coesyn o hen ŵr hefyd, a swp o ddail saets yn ogystal. Hongian y llysiau'n bentwr ar y polyn, ac yn ôl â ni o dan y dillad i drio cael trefn ar ein cysgu oriog. Ond os oedd hi'n ddrwg cynt, roedd hi'n waeth bellach (wermod lwyd neu beidio) gyda niferoedd y pryfed o'r coed cyfagos wedi treblu ac yn ormes ar y cysgaduriaid. Cyn chwech o'r gloch y bore, roedd y ddau fab afradlon yn curo ar ddrws eu cartre nhw'u hunain ac yn pledio ar i rywun o'i fewn drugarhau ac agor iddyn nhw!

Er holl boendod y pryfed, pan ddôi haf arall i'r cwmwd, byddai twymyn y gwersylla yn dechrau plagio unwaith yn rhagor. Ac fel y tyfem yn llanciau, daeth amser i fentro gadael yr ardd ar bwys y tŷ, a throi allan i'r byd mawr. Gosod pabell ar ochrau Anelog ym Mhen Llŷn ar ddiwrnod o niwl. Rhoi cynnig ar noson neu ddwy ar lethrau Moel y Gest yn Eifionydd, ar allt Pen-glais ger Aberystwyth, mewn cae ar bwys Llanfarian, ac anturio cyn belled â Threfin ym min y môr. Cofiaf wersylla ger Llanfair Talhaearn efo Wil Sam adeg garddwest Garthewin; codi'r babell ar odre mynydd Bodran, a dal ar air newydd sbon am wartheg pan ofynnodd y ffarmwr inni ofalu cau'r llidiart rhag i'r 'catel' ddod trwodd.

Ym mater efelychu'r 'cenhedloedd eraill', rhyw dynnu helynt yn ei ben yr oedd dyn bob gafael. Fe all fod yna ddwy wedd ar fusnes gwersylla: os gellir dadlau bod rhamant mewn cysgu dan y sêr gydag awelon y nos yn anwesu'r babell, gellir croes-ddadlau hefyd ynghylch llawer diflastod a ddôi yn ei sgil, yn enwedig gyda thro yn y tywydd a thraed yn socian wrth gyrchu siwrnai o ddŵr yfed, a hwnnw gan amlaf bellteroedd o'r gwersyll. Y stof methylated yn gyndyn i danio; treulio hanner awr yn ei fflamio ac aros am hydoedd cyn i'r dŵr ferwi. Canfod inni ddod heb lefrith, bod yr halen a'r siwgr wedi lleithio'n bwdel, bod dwy fforc ar goll, ac un cwpan wedi diflannu dros nos . . . troi allan i'r curlaw i chwilio amdanyn nhw a baglu ar draws y cortynnau nes bod y babell yn griddfan, a phellen pen-glin yn dulasu.

Serch hynny oll, araf iawn oeddem i ildio'r maes. Teithio tua'r Ŵyl Genedlaethol yn Aberpennar, a gwersylla mewn cae ar osgo yn Abercwmboi. Un noson, dyma'r glaw yn llifeirio'n ffosydd trwy lawr y babell, a Wil a minnau'n rhedeg trwy'r genlli am gysgod y car a thrio cysgu yn hwnnw yn y camystum mwyaf cynddeiriog. (O! am gael cefnu ar yr ymryson ynfyd a bod adre'n ôl mewn gwely esmwyth.)

Y flwyddyn cyn hynny, roedd Awst yn llawer tirionach, a ninnau (bedwar ohonom) o fewn cyrraedd hwylus i faes y Brifwyl yn Rhosllannerchrugog, Wil Sam, John Tŷ Lôn, Tudur (y Doctor Tudur Jones ar ôl hynny) a minnau. Erys dau ddigwyddiad ynglŷn â'r ŵyl honno yn y Rhos: wrth sefyll ar y maes un pnawn, pwy a welwn yn cerdded heibio gan bwyll ond Tegla Davies, ac yn ei fraich ŵr lled fregus. Rhywun ar ein pwys yn egluro mai Evan Roberts, y Diwygiwr, oedd y gŵr hwnnw. Ar un llaw, rwy'n petruso cyn mynd ar lw fy mod yn iawn; ar y llaw arall, pa ddiben fyddai i mi ddychmygu stori o'r fath?

Am yr ail ddigwyddiad, rwy'n bendant ddiogel o'r ffeithiau. Dydd Gwener, Awst y 10fed, 1945 oedd hi, pan ddaeth cyhoeddiad dros y maes fod y rhyfel yn erbyn Japan wedi dod i'w derfyn. Newidiwyd trefn popeth ar y llwyfan, bu canu gwefreiddiol ar emyn, a'i ddilyn gyda gweddi gan Elfed.

Yng nghyhyrol *Cyfansoddiadau a Beirniadaethau* yr ŵyl yn y Rhos, gwelir rhestr o aelodau Cyngor yr Eisteddfod Genedlaethol. Ar y brig, ceir enw'r Llywydd, sef Yr Iarll Lloyd George o Ddwyfor. Ond y mae'r enw hwnnw wedi'i amgáu mewn ffrâm o linellau duon trwchus. Bedwar mis cyn hynny, ar ddydd Gwener y Groglith yn niwedd Mawrth, roeddwn ymysg miloedd ar filoedd o bobl yn angladd David Lloyd George ar y llethr coediog uwchben afon Dwyfor yn Llanystumdwy. Diwrnod rhyfedd oedd hwnnw gydag enwogion llywodraethau'r byd wedi ymgasglu i'r pentre tawel yn Eifionydd, a ninnau, fel brodorion, yn symol gyfarwydd â

Beddrod David Lloyd George, gyda englyn ei nai, y Prifardd W. R. P. George:

Y maen garw, a maen ei goron,—yw bedd
Gŵr i'w bobl fu'n wron;
Dyfrliw hardd yw Dwyfor lon
Anwesa'r bedd yn gyson.

gweld yr hen wron yn sefyll yn ei glogyn du ar wegil pont afon Dwyfor. O ran hynny, gallem gofio oedfa yng nghapel Moreia, sydd gyferbyn â'r neuadd a roes Lloyd George yn rhodd i'r pentre, pan ddaeth dynes ddieithr i eistedd yn un o'r seddau cefn, sef Frances Stevenson, erbyn deall.

Un peth diddorol yng nghyswllt yr angladd oedd i ni fel teulu fod wedi byw am gyfnod ym mhlas Gwynfryn, cartref Syr Hugh Ellis Nanney, y sgweier a drechwyd gan Lloyd George o ddeunaw pleidlais pan aeth i'r Senedd yn 1890. Yn ystod diwrnod y cynhebrwng, fodd bynnag, bu camerâu'r wasg wrthi'n fflachio o gwmpas y pentre, a chafwyd un ffotograff tra chofiadwy o John Roberts, Cae Coch, yn eistedd ar garreg yng nghwr y coed fel petai'n pensynnu uwchben claddedigaeth ryfedd y Dafydd o'r pentre a wnaed yn Iarll

Dwyfor, a'r ddau wedi bod yn gyfeillion pybyr yn nyddiau mebyd.

Cymeriad hynod oedd y John Roberts hwnnw, a'i sylwadau am fyd a bywyd y pethau gwreiddiola'n fyw, rhai ohonyn nhw'n anadroddadwy mewn pennod fel hon. Byddai John yn cymryd ambell ddiferyn yn y 'Feathers', ac ar ei ffordd tuag adref un diwetydd, arafodd car i'w godi, cerbyd *Austin* Robert Jones, gweinidog y Capel Mawr yn Nhal-y-sarn. Fe'i hadnabu John Roberts ef fel y dringai'n afrwydd i'r sedd flaen, ac i achub y blaen ar y gŵr parchedig, meddai wrtho, 'Hwyrach eich bod chi'n clywad ogla diod arna i, syr. Ond mae'r doctor wedi deud bod tropyn bach bob hyn a hyn yn gneud byd o les i mi.'

'Wel,' meddai Robert Jones, 'os ydi o'n gneud lles i chi, daliwch ati ar bob cyfri.'

Ac o hynny ymlaen, byddai gan John Roberts garn o gyfiawnhad diogel dros alw yn y 'Feathers': 'Mae gweinidog yr Efengyl wedi deud wrtha i am ddal ati!'

Am rai blynyddoedd, bu O. M. Lloyd yn weinidog iddo yn Nhabernacl yr Annibynwyr yn Llanystumdwy. Un bore wrth iddo ddod o'r pulpud wedi'r oedfa, dyma, meddai O.M., oedd sylwadaeth John Roberts: 'Pregath dda felltigedig, Mistar Lloyd.'

Pan oedd John Tŷ Lôn a minnau'n anelu am y weinidogaeth, dyma daro ar yr hen frawd ar un o lwybrau'r stad, a'r pnawn hwnnw mynnai John Roberts fod y Beibl yn llyfr anodd iawn ei egluro. 'Meddyliwch chi am Dafydd,' meddai wrthym. 'Wel, hwrgi ofnadwy oedd Dafydd, yntê? Ond wedyn, mae'r Beibl yn deud ei fod o'n ddyn oedd "wrth fodd calon Duw". Sut mae esbonio peth felly, hogia?'

Wrth agor y bennod hon, roeddwn wedi llawn fwriadu troi allan i ganol ymryson y byd mawr. Ond wedi cyrraedd y Brifwyl yn y Rhos a phrin grybwyll enw Lloyd George, dyna'r magnet yn fy nhynnu'n ôl er fy ngwaethaf tua Llanystumdwy ac afon Dwyfor gan ailgodi'r miri a geid yng nghwmni cymeriadau priddlyd yr henfro, bendith arnyn nhw.

Tybed beth yw'r magnet hwnnw sy'n mynnu halio dyn yn ôl fel hyn? Yn gynharach, soniais am dwymyn y tri chryfion, eiddigedd, uchelgais a hyder. Ond y mae twymyn arall i'w chael, ac yn anterth ei gwres gall y dwymyn hon doddi'r drindod gadarn uchod allan o fodolaeth. Yr enw ar y dwymyn honno yw hiraeth, a phan gydio hiraeth mewn dyn gall ei nychu ar ffiniau gwallgofrwydd. A'r unig gordial a ddichon lacio'r dioddefydd o afaelion hiraeth yw ei gael adre'n ôl i'w gynefin ar unwaith.

Cofiaf gael f'anfon i Benygongol ym mhen Llŷn i aros efo Nain a Taid a Modryb Lusa. Cael croeso na fu'r fath beth erioed a mwynhau'r profiad newydd yn reiol; cerdded efo Nain i Borth Tŷ Mawr, gydag arogleuon y gwymon yn feddwol, a'r ddau ohonom wrthi'n codi dyrneidiau o raean bras y traeth i sachgwd er mwyn i'r ieir ei bigo gartre gyda'r india-corn. Treulio pnawn efo Taid, a gwylio'i ddwylo cymalog wrthi'n plethu cewyll efo gwiail helyg. Ddiwedd pnawn, mynd i'r cae efo Modryb Lusa i nôl y gwartheg a'u hysio'n dalog tua'r beudy. Sylwi arni'n godro, y bwced rhwng ei choesau a'i phen ar esgair y fuwch; fel y gwasgai'r tethi ar y cychwyn, byddai pistylliad cynta'r llefrith yn tincial ar waelod y bwced, ond yn y man byddai'r sŵn yn dwysáu, a'r ffrwd fain o'r deth yn ffrothio'n drymllyd wrth i'r llestr lenwi.

Roedd yr hogyn bach wrth ei fodd o fore hyd nos, lle newydd gwahanol, tir gwastad moel heb fawr o goed yn unman; pobol newydd wahanol hefyd, Nain yn gwisgo cap dyn, Taid efo barf a'i frest yn gwichian braidd, a Modryb Lusa'n mynd o gwmpas y lle mewn clocsiau trymion. Rhoi bwyd i'r ieir, godro, chwarae efo'r ci, mwytho'r gath, pedlo'r harmoniwm, cribinio gwair . . . Ond un noson dyma dwymyn yn taro'r bychan—methai'n lân â chysgu, dim math o eisiau brecwast drannoeth, na chinio chwaith, dim awydd mynd i lan y môr nac i'r cae gwair nac i'r beudy. Cerddai o gwmpas a'i ben yn ei blu gydag un eisiau angerddol wedi dod i'w lethu— hiraeth ofnadwy am gael bod adre'n ôl.

Ac megis yr oedd yn y dechrau, felly y mae yr awr hon.

Serch mentro allan i'r byd mawr gan feddwl gwneud melin ac eglwys ohoni, llwfrhau fu'r hanes bob gafael, a brysio'n ôl o'r 'ymryson ynfyd' tua llonydd mawr y coed a'r pridd nad oes hafal iddo'n bod yn un man arall.

Eto i gyd, rhaid cyfaddef bod yna un gnofa a fu wrthi'n pwnio'r dychymyg ar hyd y blynyddoedd. Dyhead distaw oedd hwnnw am adael y cwmwd tawel er mwyn rhoi troed am un waith ar dir tramor. Jest cael un cip ar y cyfandir, a throi tuag adre'n reit sydyn ar ôl hynny. Y gwir amdani oedd na chawsom na'r cyfle na'r modd i 'weld y byd' nes i'r plant fynd dros y nyth, a ninnau bellach wedi cyrraedd sadrwydd canol oed.

I'r Eidal odidog y mentrwyd gyntaf, ac yn ystod y cyffro hwnnw fe'n daliwyd yn deg gan y wefr deithio, ac am rai hafau'n dilyn buom wrthi'n traflyncu Ewrop, neu yn iaith y twrist Americanaidd, *doing Europe*. Dull fy ngwraig a minnau o 'wneud' y cyfandir oedd talu i'r *courier*, neu i arweinydd, am drefnu pob un dim ar gyfer y 'gwneud' bondigrybwyll. Mewn gwledydd dieithr o'r fath, nhw, yr arweinyddion proffesiynol, sy'n gwybod iaith ac arferion y wlad, nhw sy'n gwybod sut i gyrraedd pob man o bwys, ac yn eu cwmni nhw fe geir yr holl hanes o lygad y ffynnon.

Trwyddyn nhw y dringwyd i ben y tŵr cam yn ninas Pisa, a chael crwydro trwy'r Santa Maria del Fiore yn Fflorens, San Marco yn Fenis, y Colosseum yn Rhufain, y Parthenon yn Athen, y cestyll yn nyffryn Loire, yr Alhambra yn Sbaen, heb anghofio'r *caspah* ym Morocco ac ogofâu Postoina yn Iwgoslafia.

Ond yn nadwrdd trafnidiaeth gwlad dramor, mwstwr ei phobloedd a phoethder ei haul, roedd dilyn y *courier* carlamus yn fusnes eithafol o flinedig; roedd yn llythrennol wir fod pob un diwrnod o'r gwyliau'n cael ei dreulio ar gagal-drot o fore cynnar hyd hwyr nos. Er y byddem yn cyrraedd Cymru fach wedi ymlâdd yn llwyr, roedd ein profiad wedi'i goethi fel aur yn ffwrneisiau'r cyfandir, a byddai bod adre'n ôl yn y llonyddwch mawr yn goron ar bopeth a gaed, a phan ddôi'r gaeaf, aeddfedai'r atgofion fel afalau-cadw.

Os oedd twymyn y dyheu am grwydro'r cyfandir yn ffrom, gallai twymyn yr hiraeth am gael bod adre'n ôl ladd honno'n gelain gegoer. Y ffaith ydoedd fod yr ymryson ynglŷn â thramora felly'n medru naddu dyn, gorff ac enaid. Ffaith bellach yw fod y 'lladdfa gyfandirol' ar fynd wythnosau lawer *cyn* cychwyn tua'r wlad bell; golygai ddewis man a lle, trefnu, teliffonio, postio, talu rhagllaw, helynt cyfnewid arian, trafferth ple i adael y car . . . streic ym Manceinion, yr awyren yn hwyr, colli rhyw fws neu'i gilydd . . . sôn fod raid newid gwesty, oriau o gicio sodlau, llusgo bagiau o fan i fan, colli rhyw diced hollbwysig ac arwyddo dogfennau rif y dail i gael ticed tebyg.

Wedi cyrraedd y ddinas bell o'r diwedd, dadbacio yn y llofft estron, ac ar ôl setlo'n weddol yno am ddeuddydd, y *courier* yn gorchymyn inni ailbacio'r cyfan oll, y byddai brecwast y trannoeth am bump, a'n bod i gychwyn am chwech, ni a'n paciau, tua dinas arall ddau can milltir i ffwrdd.

Ninnau'n llesgáu fesul awr bellach . . . eisiau cysgu . . . methu cysgu . . . gormod o sŵn a ffwndwr . . . ac fel y dôi'r gwyliau i ben a ninnau erbyn hyn ym mhellteroedd maith y tir tramor, golygai hynny ein bod i drafeilio'r holl ffordd yn ôl mwyach, fel ailddirwyn ril-edau oedd wedi rhedeg o'i gafael hi'i hunan. Byddai'n rhaid dioddef dôs arall o feysydd awyr, segur orweddian am fod streic eto fyth . . . dangos pasport . . . llusgo cesys a bagiau trymion nes dyfalu mewn sobrwydd erbyn hynny pam y bu inni dynnu'r fath helynt i'n pennau erioed!

Un Awst, buom yn Romania, yn y cyfnod pan oedd Ceaucescu'n teyrnasu. Gwlad ryfedd oedd eiddo'r teyrn hwnnw gyda'i 'securitate' ym mhobman, a'r *courier* yn ein rhybuddio yn ddyddiol beth i'w wneud a beth i beidio'i wneud. Bu'r profiad yn agoriad llygad ar gyflwr y bobl, druain, a hefyd ar ogoniant eu gwlad. Morio delta afon Donaw, bedair awr i mewn rhwng ynysoedd o hesg a phrysgwydd, cynefin y pelican a'r baedd gwyllt. Yna, morio bedair awr yn ôl hyd sianel arall gydag ynysoedd o fforestydd dwys lle trigai llwyth o hil Rwsaidd, yn byw ar bysgota'r *sturgeon* er mwyn ei slei-werthu oherwydd y cafiâr costus oedd yn ei goluddion.

Poethder traeth y Môr Du mor annioddefol nes ein gorfodi i chwilio am gysgod. Cael trafferth anghredadwy wrth groesi'r ffin ar gyfer diwrnod yng ngwlad Bwlgaria, a thrafferth yr un mor helbulus wrth groesi'r ffin yn ôl. Bu'r diwrnod yn arteithiol o wresog, ac erbyn cyrraedd y gwesty, roedd hi rhwng hanner nos ac un y bore. Pacio'n pethau a chael pob un dim yn barod ar gyfer dal bws oedd i'n codi am bedwar o'r gloch y bore hwnnw a'n cludo i faes awyr Costantsa erbyn chwech. Ni chysgwyd un hunell y noson honno, rhag ofn . . .

Y wawr heb osio torri eto, a llond bws ohonom yn gymysgedd od rhwng gollyngdod a thyndra wrth gyrraedd y maes awyr. Yno, roedd swyddogion milwrol a gynnau wrth eu gwregys wrthi'n holi a stilio pawb a phopeth. Ond yna ar ôl hir arholi, cael ein gollwng i awyren Tupolev fawr. Wedi rhai oriau yn yr awyr, glanio'n ddiolchgar ym Manceinion. Mae'n wir fod gennym daith deirawr arall o'n blaenau, ond o'r diwedd maith, yn wan gan flinder, dyma gyrraedd ein haelwyd 'rhwng dwy afon yn Rhos Lan'.

Sôn am ddwfn dawelwch! Ac ymryson ynfyd yr wythnos a basiodd wedi rhyw ddiflannu o'n gafael yn union fel pe na buasai wedi bod erioed. Roedd llonydd y min hwyr fel mêl, a'r cysgu'r noson honno'n un o'r bendithion cofiadwy hynny.

Pur gyndyn a fûm i ddysgu'r wers. Ond wedyn, roedd yn rhaid cadw'r blaidd o'r drws rywsut neu'i gilydd. Dyna pam yr addewais fynd dramor ar waith ffilmio fwy nag unwaith. Golygai hynny fisoedd o waith ymchwil ac o sgrifennu, ac ar ben y cyfan golygai orfod dysgu'r llithoedd bob un gair. Ymweld â Lourdes ar odre Ffrainc o'r Pyreneau oedd y cynnig cyntaf yng nghwmni'r ffrind cynnes, Tregelles Williams, sydd wedi'n gadael ers rhai blynyddoedd, ysywaeth.

Gydag Ifor Rees y gwnaed gweddill y teithio cyfandirol ar berwyl ffilmio: taith Paul trwy wlad Groeg; hanes Kierkegaard yn Denmarc; chwilio am Saith Eglwys Asia yng ngwlad Twrci gyda Llyfr y Datguddiad yn arweinydd inni. Wedyn, Dwyrain yr Almaen (cyn chwalu Wal Berlin) i godi hanes Martin Luther. Gogledd yr Eidal ar ôl hynny i ddilyn taith a wnaeth O. M. Edwards gan mlynedd o'n blaenau. Ac yna, Ffrainc a'r Swistir i adrodd stori bywyd John Calfin.

Ar sawl gwedd, roedd y tramora hwn yn wahanol; nid oedd fy mhartneres efo mi, er bod Ifor yn gyfaill gyda'r mwyaf diddan. Roedd yr arhosiad hefyd yn feithach, o raid; er mwyn i'r camera ddal yr holl hanes, a hynny ar draws gwlad gyfan, byddai'n rhaid bod wrthi am ddeng niwrnod, neu bythefnos, weithiau dair wythnos i ffwrdd o Eifionydd.

Yr un oedd patrwm y teithio—gyrru o Wynedd i Gaerdydd, oddi yno i Heathrow yn Llundain, lladd amser yn y maes awyr cyn glanio mewn mannau pellennig a dieithr—meysydd awyr Orly ym Mharis, Tarbes ger Lourdes, Athen, Copenhagen, Izmir, Berlin, Twrin, Genefa, a chofiaf imi orffen y cyfan oll yn y 'Charles de Gaulle' ym Mharis cyn chwipio'n ôl dros y sianel i Heathrow.

Er bod y profiadau'n rhai tra goludog, a dyn yn gweld llawer a dysgu mwy fyth, yn taro ar gyfeillion dieithr (rwy'n dal i ohebu â chyfaill o wlad Twrci), eto roeddwn yn blino, gorff ac ysbryd wrth bacio o westy i westy a symud o dref i dref. Ac yna'n anochel, ar ben popeth, gyda'r aros yn hir dros y dŵr, dôi twymyn yr hiraeth i bwyso fel bwrn ar enaid. Ond doedd waeth heb â nyrsio'r hiraeth yn Fenis, yn Athen nac yn Wittenberg a ninnau ag wythnos arall o ffilmio o'n blaen . . .

Felly, ar derfyn un cwrs arall o ewropa (yn Genefa'r tro hwnnw) dyma droi arnaf fy hun, ac ar fy nghyfaill goddefgar, a dweud, 'Digon! Dydw i ddim am ddod byth eto!' Ac felly y bu.

Cafodd y dasg ffilmio'i chwblhau'n burion, ac wedi'r cosbedigaethau arferol o lusgo pynnau allan o westy i dacsi, o dacsi i fws, o fws i faes awyr, ymlaen â ni'n drafferthus felly nes inni o'r diwedd lanio yn Llundain. Mwy o haldian ar bwn ar ben pwn, a hir-ocheneidio am fod bws Cymru newydd ymadael, heb ddewis bellach ond gogordroi a chicio sodlau am awr neu ddwy arall . . .

Er mor hir yw pob ymaros, fe ddoed i Gaerdydd maes o law.

Yn y fan honno, tynnu'r paciau'n fwndeli o gefn y bws, a'u llwytho i'm cerbyd fy hunan. Mor hyfryd oedd cael cydio'n ei lyw cyfarwydd unwaith eto, tanio'i beiriant a'i sbarduno i draffordd y nos gyda phedair awr rhyngof a'm cartref pell. Braf oedd cael cefnu ar oleuon melyn y trefi, a'r modur a'i lampau bellach yn ysgubo trwy ffyrdd gwledig Llanidloes, Dinas Mawddwy, Dolgellau, Trawsfynydd, a'm hysbryd yn ysgafnhau fesul galwyn, boed hi'n ddau o'r gloch y bore ai peidio . . .

Dim ond dyrnaid arall o filltiroedd . . . Porthmadog . . . Cricieth . . . Rhos-lan! Agor y giât ar fin y llain, troi'r cerbyd i mewn i'r gulffordd, a chau'r giât ar y byd. Diolch am gael bod gartref unwaith eto, diolch hefyd am bob gwarchod a fu, a diolch mwy, efallai, am fod iasau'r hiraeth ar yr un funud yn union wedi cwbl ddiflannu allan o fod.

Teimlo presenoldeb buwch yn pori am y clawdd â mi, a'i thafod yn rhwygo arfodion o laswellt yn hollol hyglyw, swn nas clywais ers wythnosau. Aros munud i anadlu'r tywyllwch a'r llonydd mawr. Croeso brwd fy mhriod, yr un fath â'r ci, fel hen win.

Cludo'r paciau i'r tŷ, ac eistedd ein dau o flaen tân coed i siarad a siarad a siarad nes inni sylwi yn y man ei bod yn dechrau dyddio. Ond ba waeth!

Bellach, a'r ymryson ynfyd drosodd, pan ddaw cesair y gaeaf i guro ar y ffenestri, byddwn yn dal i hel atgofion am draeth poethlosg y Môr Du, am yr ardd bomgranad yng ngwlad Twrci, a'r goeden lemon ar bwys Pompei.

DIREIDI'R DEWIN

Os methodd John Maughan â chyplu'r Lôn Goed â'r ceimffyrdd a'i dygai yn y man at Bant-glas (lle mae cartref Bryn Terfel) fe allwn ni yrru rhagom yn eithaf rhwydd ar hyd y ffordd fawr tua Phen-y-groes. Troi yno ar y dde am Dal-y-sarn a Nantlle cyn tynnu'n galed trwy Ddrws-y-coed a throsodd ar oriwaered i olwg yr 'Wyddfa a'i chriw' nes cyrraedd Rhyd-ddu, bro mebyd T. H. Parry-Williams.

Ac ar fy ngwir, dacw'r tŷ lle'i ganed! Hwnnw yw Tŷ'r Ysgol y nyddodd ef soned o'i gwmpas gan agor â'r llinell, 'Mae'r cyrn yn mygu er pob awel groes . . .'

Pan ddaeth tro ar fyd, aethpwyd ati i atgyweirio'r adeiladau i'w gwarchod mwyach fel arwydd o barch cenedl tuag at lenor mawr Rhyd-Ddu. Ym mhroses y diddosi, fe dynnwyd y trichorn yn gorffol oddi ar grib y to, ac am gyfnod, eironi rhyfedd oedd gweld Tŷ'r Ysgol, o bob man, heb arno gyrn i fygu o gwbl. Ond fe'u hadferwyd yn ddiogel ers tro bellach, a chafodd y tu mewn, yn dŷ ac ysgol, ei batrymu'n gymen er mwyn cynnwys creiriau i gofio Syr Thomas, gyda phob hwylustod yn y lle i groesawu cynulliad o ymwelwyr.

Felly'n union y digwyddodd pethau ar nos Fercher olaf Tachwedd 1985. Roedd fy nghyfaill, R. Alun Evans, wedi trefnu i'r BBC ddod ag offer yno i recordio darlith gennyf ar yr athrylith o Ryd-ddu. Yn goron ar bopeth, roedd wedi trefnu i gael Lady Amy, gweddw'r llenor, yno gyda ni. Er ei bod yn noson wyllt eiräog, daeth llond y lle i wrando.

Wedi dod i ben â'r recordiad, a chael paned cyn troi allan i'r oerwynt, cofiaf y fonesig yn pwyso arnaf i gyhoeddi'r traethiad a glywodd am ei gŵr, ac ym mrwdfrydedd y foment, addewais innau ystyried hynny. Felly (er i ddeng mlynedd a mwy fynd heibio) dyma gyflawni'r amod yn y gyfrol hon. Gydag ymddiheuriad i Syr Thomas, ni allaf beidio ag ymhél â'r cwpled ganddo am y brain castiog hynny a fyddai'n trystio ym mrigau'r coed 'y tu draw i Lyn Cwellyn o'r ffordd i'r dref':

Y mae'r atgof yn aros i Amy ddweud,
"Cyhoeddwch y ddarlith",—a dyma fi'n gwneud.

O lawn sylweddoli mai gwaith yr ysgolheigion fydd trafod dyfnder ac uchder cyfraniadau Parry-Williams, y wedd ar ei waith y dewisais i sôn amdani'r noson honno oedd y ffraethineb fflachiog sy'n britho'i gynnyrch, a galw hynny'n 'ddireidi'r dewin'. Fel rhagflas, dyma gynnig tri dyfyniad, gyda'r cyntaf allan o'r gyfrol *Pensynnu*:

> . . . a bod yn wamal am funud, dyna'r stori adnabyddus am y gŵr hwnnw yn un o ffatrïoedd-gig-moch Chicago yn esbonio nad oedd dim yn mynd yn wast: fe ddefnyddid pob tamaid o'r mochyn ond ei wich. (t.19)

Dyma'r ail, allan o'i lyfr *Olion*:

> Gofynnais yn ddiniwed i gyfaill o ffarmwr unwaith a oedd wedi "cael y gwair". "Ydwyf," atebodd, "ond fy mod heb ei nôl." (t.25)

Hwn yw'r trydydd, y sylw chwareus pan yw'n trafod Nimrod, yr heliwr, yn y gyfrol *Myfyrdodau*:

> Chwi gofiwch am y potsiar hwnnw a gafodd ddiwygiad ac a werthodd ei wn a'i gi—ond cadw'r ffured a'r rhwydi. (t.90)

Wrth reswm, nid oherwydd ei ddireidi y cofir am Parry-Williams. Yn hytrach o lawer, fe'i cofir fel doethur triphlyg, fel sgrifennwr rhyddiaith a nyddwr barddoniaeth gyda'r galluocaf a welodd Cymru erioed. Meistr digwestiwn ar deithi'r iaith Gymraeg, heb sôn am holl deulu'r ieithoedd Celtaidd, dewin ar drin geiriau a'u bathu nhw, a chrefftwr mirain ar gystrawen. Gŵr a fu'n astudio peth meddygaeth, yn ymrafael â syniadau athronyddol dwys ac ymgodymu â damcaniaethau gwyddonol gyda'r mwyaf dyrys. T. H. Parry-Williams, ysgolhaig, bonheddwr ac athrylith a oedd yn sefyll ben ac ysgwydd uwchlaw pawb. Ac eto'r gwyleiddiaf o ddynion.

Ond wrth ddarllen ac ailddarllen ei gyfrolau poblogaidd, mae dyn drachefn a thrachefn yn cwrdd â brawddegau ac â syniadau sy'n cosi'r darllenydd. Mae'r un math o oglais i'w gael mewn cilfachau o'i farddoniaeth hefyd. Un dull ganddo wrth ollwng dafn o ddireidi mewn cerdd yw defnyddio gair neu ymadrodd ffwrdd-â-hi a glywir, fel rheol, ar lafar gwlad, e.e.

> Dim ond rhyw jòch o gwpan hanner llawn.

Gall yr hynodrwydd hwnnw ddigwydd pan yw'n trafod y pwnc mwyaf trymllyd, fel marwolaeth, dyweder. Mae'n hel meddyliau am gnawd ac esgyrn yn madru gan gyfeirio at y gwacter sydd mewn 'penglog lygadrwth a'i chraciau mân'. Yna'n sydyn hollol, bydd yn cynnwys gair neu ddywediad cwbl gyffredin, sathredig, onid llac weithiau. Pan ddigwydd hynny, cawn ein dal ar ungoes braidd heb fod yn siŵr iawn pa ffordd i ymateb, prun ai gwenu'n swil ai ynteu fygu chwerthiniad.

Beth bynnag fydd yr ymateb gennym, byddwn yn gwybod i'r syfrdanol ein taro gyda'r ergyd ryfeddaf, fel yn y cwpled hwn sy'n disgrifio man claddu gŵr a gwraig mewn mynwent:

> Dau bentwr bach dan chwerthinog ne',
> Mewn gorffwys di-gnawd, heb na bw na be.

Heb na bw na be yn wir! Ond craffer ymhellach ar y cwpled hwnnw am ddyn a fu farw'n hollol sydyn, a hynny'n gynnar ar fordaith oedd i gymryd rhai wythnosau. Wedi treulio'i linell gyntaf yn manylu (yn drafferthus ymron) ar ba amser o'r dydd oedd hi, daw'r ail linell i'n siglo gan derfynoldeb ofnadwy y digwydd:

> Aeth henwr heno, rywbryd tua saith
> I ddiwedd ei siwrnai cyn pen y daith.

A dyna'r brawd hwnnw oedd 'ar y stryd fore Llun tuag un ar ddeg' (manylu ar yr amser eto fyth!) yn tynnu'n braf yn ei bibell nes iddo weld angladd yn pasio heibio gan bwyll. O barch, tynnodd ei bibell o'i geg, a'i het oddi am ei ben, ac yna wedi gofyn i gyfaill cyfagos pwy oedd yn cael ei hebrwng, cafodd yr ateb:

'Hwn-a-hwn, a fu farw nos Iau o strôc.'

'Ho' . . . Gwisgodd ei het, ac ymlaen â'i smôc.

Mae difrifwch—a digrifwch—yr ail linell yn affwysol eu heffaith am fod y cyfan mor waelodol wir amdanom, bawb oll. Oni chlywn ninnau am drychinebau, pell ac agos? Oni holwn yn eu cylch, a chael rhyw fath o ateb? Mae'n wir y gallwn led-ffwdanu am sbel o achos y fath dristwch, eto cyn pen dim byddwn wedi ailwisgo'r het, aildanio'r bibell, a chanlyn ymlaen â'n tipyn gofalon personol fel pe na bai dim oll wedi digwydd. Ymlaen â'r smôc fel petai!

Ond o droi at ei ryddiaith unwaith eto, fe sylwn fel y mae'r awdur difrifddwys, yng nghanol sobrwydd ei fater, bob hyn a hyn yn mynnu troi yn ddewin direidus. Ar dro, gall fynd rhagddo â'i wamalrwydd am baragraff cyfan. Ond fel rheol, ei ddull yw gollwng y perlau hiwmor wrth basio, megis. (Fwy nag unwaith, rwyf wedi fy nal fy hunan yn gorfod troi'r tudalen yn ôl, jest i ailflasu'r tameidyn doniolwch.)

Bûm yn siarad ynghylch y nodwedd ddireidus yn Parry-Williams wrth ei gefnder enwog, a chyn-Athro i ni yn y coleg, sef Syr Thomas Parry. 'O! ia,' meddai yntau, 'un felna'n union oedd o. Wrth ei fodd yn clywed am sefyllfa drwsgwl neu stori ddigri, ac yn ei nefoedd efo dywediad pert gan ambell gymeriad.'

Mae'n debyg na ddichon neb fwynhau direidi heb fod elfen o'r direidus ynddo yntau'n ogystal. Ac er bod un olwg ar wyneb Parry-Williams yn awgrymu gŵr trymaidd ei ysbryd, eto yn agos iawn, iawn i'r wyneb hwnnw, roedd yna berson oedd yn fwrlwm o'r cellwair rhyfeddaf.

Am ei gwerth, fe garwn gynnig y ddamcaniaeth fod yng

nghof Parry-Williams fath o gelloedd, rhesi o flychau bychain fel a gewch chi mewn swyddfa i gadw llythyrau a mân-nodiadau. Yna, bob tro y byddai ef yn clywed stori wamal neu ddywediad praff neu sylw chwerthinog, byddai'r llenor mawr wedyn yn dosbarthu a didoli'r rheini'n ddiogel drefnus yng ngwahanol flychau'r cof i gael sylw pellach rywdro ymlaen.

O ran hynny, mae'r gŵr o Ryd-ddu'n cadarnhau'r tipyn damcaniaeth uchod yn ei lyfr *Ysgrifau* a ddaeth o'r wasg yn 1928. Ar ôl iddo ymhoffi yn y ddeuair 'awyr las', dyma'i osodiad: 'Hoff oedd sŵn yr ymadrodd yn y pen, ac aeth i gell yn f'ymennydd lle trysorir ymadroddion Cymraeg y mae swyn i mi yn eu hailadrodd. Yn y gell honno y mae hefyd ambell soned a thelyneg y daw mwynhad o'u hadrodd laweroedd o weithiau wrth rodio'r ffyrdd a'r caeau.' (t.20)

Fe dybiwn i fod ganddo ddau amcan i'r 'trysori' hwnnw yng nghelloedd y cof. Un oedd cael cyfle i ailadrodd y doniolwch yng nghwmni cyfeillion. A'r amcan arall oedd gosod y digrifwch yn derfynol ddiogel ar glawr. Yn yr ysgrif lle mae'n coffáu cefnder arall iddo o dan y teitl 'Colli Robert Williams Parry', ceir yr addefiad gwyleiddiol hwn:

> . . . mi gefais fod yn blentyn a hogyn gwirion yn ei gwmni, a ninnau'n dau wedi tyfu'n wŷr cyfrifol ers blynyddoedd maith. Yr oedd ein jôcs, druain, y pethau mwyaf plentyn-naidd dan haul, yn siampl o ddiniweidrwydd . . . fe fyddem yn hoff iawn o fynd dros yr un pethau bob tro y cyfar-fyddem, adrodd yr un hen hanesion, dweud yr un hen ffraethebau, a thynnu'r un hen goesau . . . Ni byddem byth yn blino traethu'r hen draethiadau. (*Myfyrdodau* tt. 66-7)

Dim ond un waith y cefais i gyfarfod â'r gŵr mawr, a hynny'n ei gartref yn y Wern, Aberystwyth, ar ddiwedd pnawn Sul o Awst. Ond yn ystod y ddwyawr gyfareddol honno, gwyliwn yr hudoliaeth ar waith. Ni bu Syr Thomas fawr o dro cyn bwrw i'w ddireidi, a'r perlau'n powlio allan o flychau'r cof, fel y disgrifiad clasur hwnnw a roes Siôn Emwnt o'i forwyn newydd. Does dim dadl nad oedd Parry-Williams wrth ei fodd yn adrodd y gwreiddioldeb wrth ei ffrindiau. Ei adrodd, ie. Ond hefyd roedd wedi gofalu *ysgrifennu*'r sylw hwnnw'n deidi yn ei gyfrol *Myfyrdodau* ers blynyddoedd rai:

A dyna wedyn yr ateb a roes gŵr Glan'rafon i Mrs. Pyrs y Ffridd pan ofynnodd hi iddo, "Sut hogan ydi'r forwyn newydd acw, Siôn Emwnt?" Ac meddai yntau, "Hen gnawas g'lwyddog, hen slebog fudur, hen bits bowld . . . Hogan bach reit dda hefyd." (t. 84)

Yr hyn a ddaw'n fwyfwy amlwg yw hyn: fod nifer helaeth o ysgrifau'r ysgolhaig cadarn hwn yn pefrio gan sawl digrifwch tebyg. Er nad yw'n gwneud gorchest o'r peth (roedd yn ormod o artist i beth felly), eto mae'n ffaith ddiymwad fod rhyw ddewin gwamal yn gyson wrth ei benelin.

Dyna'r ysgrif honno sy'n trafod 'Angau' yn y gyfrol *O'r Pedwar Gwynt* lle mae'n creu ansoddair cwbl unigryw i ddisgrifio'r dyn torri beddau. Gwyddom mai mewn mynwent y doir o hyd i'r dyn hwnnw; yno y mae o ddydd i ddydd, ac oherwydd natur drom ei orchwyl, dyn yw hwnnw sy'n llythrennol yn rhodio ymysg y beddau. Union ofal gweithiwr felly yw bod yn y gladdfa'n ceibio a rhofio o'r naill angladd i'r llall, ac o'r naill feddrod i'r llall. Pa air sydd yna, ynteu, a ddichon ddisgrifio brawd o'r fath? Fe ffurfiodd Parry-Williams ansoddair cwbl orchestol: 'y gŵr beddrotgar hwnnw'. Er bod angau yn beth tywyll o ddifrifol, eto mae'r ansoddair 'beddrotgar' mor annisgwyl o newydd fel nad oes modd peidio â gwenu wrth ei ddarllen.

Beth am funud arall i'w wylio'n mowldio ansoddeiriau? Yn yr ysgrif 'Borshiloff' (*Myfyrdodau*), mae'r awdur yn ffansïo mynd ar drên yr Orient Express o Baris i Istanbwl, y siwrnai gyfareddol honno tua'r dwyrain. A dwyrain yw'r cyfeiriad. Nid gorllewin. Nid gogledd. Nid de. Ond dwyrain, draw tua'r Orient, *eastern-bound*; gororau gwledydd diarth y Twrc a'r Arab lle cyffyrddir â'r dirgelwch sy'n perthyn i'r dwyrain. O'r gorau, pa air, ynteu, sydd yna i ddisgrifio'r Orient Express? Hwn oedd cynnig Parry-Williams: 'rhyw feddwl y buaswn yn hoffi mynd am drip ar y trên dwyreiniog hwnnw'. Gydag un strôc feistraidd, bachodd y terfyniad '-og' ar gynffon y gair, a dyna'r disgrifio'n berffaith. Yn gymaint felly nes hawlio gwên o edmygedd, fel a ddigwydd wrth inni bensynnu ar gampau brws Titian neu Raphael.

Yr un hudlath sydd ar waith pan yw'n crybwyll gwlad Tibet 'a gweld llun palas nefolog aruthrol y Dalai Lama.' Nid 'nef' a ddewisodd, na 'nefol', na 'nefolaidd'. Ond 'nefolog', sy'n rhoi naws a lliw hollol newydd ar drigfan y duw-bennaeth. Wrth ddotio at ei gyflawniad cyfrwys gydag ansoddeiriau fel 'beddrotgar', 'dwyreiniog' a 'nefolog', ni allaf er fy ngwaethaf beidio ymdeimlo â rhyw ddireidi rhyfeddaf wrth eu darllen, a hynny dro ar ôl tro.

Wedyn, yn yr ysgrif 'Dyfed' (o'i gyfrol *O'r Pedwar Gwynt*) sonia Syr Thomas amdano'i hunan i lawr yn Sir Benfro ar dir fferm unig wrthi'n hela efo gwn. (Yr oedd ef yn heliwr brwd ac yn ei elfen yn datgymalu pistol a dryll ac arfau tân o fath felly.)

Gwyddys hefyd i'r Mabinogi gyfeirio at yr hud sydd ar Ddyfed, a bod ysbrydion o'r cynfyd yn cyfaneddu rhannau o'r wlad honno, heb sôn am y dirgelwch a geir o gwmpas llawer craig a maen. Mae'r cyfrinachau'n mynd yn ôl i wyll hen, hen oesoedd. Ond wrth adrodd amdano'i hun yn hela'r noson honno, hyn oedd profiad Parry-Williams:

> Ar rostir gwastad, go fawr, a hwnnw wedi ei orchuddio gan fân rug (neu "wrig", fel y dywedir yno), yr oedd maen enfawr, hen fonolith tal, cyntefig . . . Nid euthum at ymyl y maen-hir hwn y noswaith honno: yr oedd cwningod a phethau diweddar felly yn dwyn fy mryd ar y pryd. (t. 66)

O gofio hynafiaeth annirnadwy bell y maen-hir hwnnw, mor gynefin o agos-atom, onidê, yw anifeiliaid bach y maes? Neu yng ngeiriau'r dewin—'cwningod a phethau diweddar felly'! A ddefnyddiwyd y gair 'diweddar' mor ddireidus o slei gan neb erioed o'r blaen?

94

Bellach, y mae'n rhaid dychwelyd at fyd y torrwr beddau a'r gŵr 'beddrotgar' hwnnw. Yno, lle mae'r awdur yn sôn am ei daid yn ymweld â Mari Tomos, Glanrafon, a hithau'n anobeithiol o wael, fel y tybid, sylwer mewn difrif ar y modd y mae'n disgrifio'r hen wraig honno yn y gyfrol *O'r Pedwar Gwynt*:

> Hen ladi groendywyll, widdonaidd ydoedd hi, yn cael mygyn weithiau, a diferyn dro arall, ond yn hen gymeriad stans a hallt. Yr oedd yr hen wreigan wrthi hi'n cael pryd sylweddol o fwyd pan aeth fy nhaid i'r ystafell wely, ac yr oedd hi'n slaffio bwyta'n harti, fel petai newydd wneud stem o waith caled.
> "Wel, wir, Mari Tomos," meddai fy nhaid, "yr ydych-chi'n bwyta'n reiol trwy'r cwbwl." Ac meddai hithau'n sychlyd, ddiddannedd, "Rhaib angau, 'machgen-i, rhaib angau." (t. 27)

Mae'n rhaid bod y stori yna ar fynd yn nyddiau mebyd yr awdur yn Nhŷ'r Ysgol, Rhyd-ddu, a'i bod wedi mynd i un o flychau cof y Thomas ifanc, ac yntau wedyn wedi'i thrysori'n ddiogel nes ei gollwng ar glyw'r cyhoedd pan gyhoeddwyd ei gyfrol yn 1944. (Roedd yr union stori honno yn dal ym mlwch ei gof pan adroddodd hi wrthyf y pnawn Sul hwnnw o Awst yn 1972.)

Yn y llyfr uchod hefyd, mae ganddo ysgrif o dan y teitl 'Rhew', a chyn pen dim y mae'n dyfynnu stori'r dyn-celwydd-golau, a'r brawd hwnnw'n tystio ei bod hi mor oer yn y Gorllewin Gwyllt un gaeaf fel y rhewodd gafr oedd wedi neidio rhwng dau glogwyn yn gorn caled yn yr awyr. Ac aros yno!

> Pan amheuwyd hynny gan ei gyfaill oedd yn gwrando ar yr ystori, trwy ofyn pa le'r oedd deddf disgyrchiant, yr ateb swta oedd bod honno wedi rhewi hefyd. (t. 36)

Mae'n rhaid ei fod yn ei afiaith yn adrodd ac yn ysgrifennu straeon digri o fath y rhain, oherwydd yn yr un un llyfr eto, ceir pennod ganddo ar 'Y Gwyndy', lle mae'r paragraff agoriadol yn cynnwys dwy stori, a hynny y tro hwn am bobl yn hel diod. Sonia'r gyntaf am yfwr go sownd yn mynd at feddygfa ben bore Sul:

> . . . a'r meddyg yn rhoi glasaid cadarn o chwisgi yn foddion gwella iddo, gan ddweud, "Dyna hoelen arall yn d'arch di." "Diolch yn fawr, doctor," meddai'r meddwyn, "rhowch un hoelen arall tra bo'r tŵls yn eich dwylo chi."

Am wraig oedd yn 'ymroi i'r ddiod' y mae'r hanesyn arall:

> Saer coed y pentref oedd wedi addo'i "chiwrio" hi, os dygent hi ato pan fyddai'n feddw gorn. Fe'i cafodd felly, a'i dodi mewn arch newydd sbon yn ei weithdy, a chysgodd hithau yno tan y bore. Pan ddeffrôdd dyma hi'n gweiddi nerth ei cheg, "Ym mhle'r ydw i, deudwch?" A'r saer yn ateb o arch arall gyfagos, "Yn y tragwyddolfyd mawr." "O," meddai hithau, "wyddoch-chi p'le maen' nhw'n gwerthu *gin* yma?" (t. 42)

Nid oes amheuaeth nad oedd gan Parry-Williams stôr o straeon arwynebol ddigrif fel yna, y mân jôcs hynny y byddai'n eu clywed gan hwn ac arall. Tua diwedd ysgrif yn *Myfyrdodau* ar y testun 'Colli Gwynt', mae'r llenor yn gweld ochr arall i'r pwnc, sef *cymryd* gwynt, gan gyfrwys ychwanegu fod hynny'n beth 'bywydol bwysig, fel y gŵyr pawb sydd ag anadl einioes ynddo'! Ond yn sgil y weithred hanfodol o gymryd gwynt y mae'n sôn am hen fachgen o fynydd Hiraethog nad oedd fel petai'n sylweddoli hynny:

> Fe fyddai ei wraig yn arfer cael poen yn ei mynwes yn ystod y nos ac yn tuchan yn arw. Dyma'r gŵr yn holi ryw noswaith pa bryd y byddai'n cael y boen, a hithau'n ateb mai wrth gymryd ei gwynt. "*Paid* tithau â chymryd dy wynt," meddai yntau. (t. 80)

Yn yr un gyfrol, ni fedrodd faddau i'r gair mwys sydd yn y tipyn sylw hwn:

> Gwir a ddywedodd rhyw hen wàg wrth ei ddarpar-wraig fod ganddo "bedwar tŷ", er iddo orfod datguddio ar ôl y briodas mai "tu ôl a thu blaen a thu mewn a thu allan" oeddynt. (t. 14)

Ond y mae yna ddireidi o fath arall yng ngweithiau'r Syr. Direidi cyflym, swta, y mae'n rhaid dal arno'n syth cyn iddo lithro trwy ddwylo dyn. Craffer yn ofalus ar frawddeg ola'r dyfyniad canlynol allan o'i lyfr *Pensynnu*, lle mae'n cyfeirio at Myrddin Fardd, y gof a'r hynafiaethydd o Chwilog:

> . . . hen bry garw gyda llawysgrifau a hynafiaethau a phethau felly . . . (Gŵr diniwed ar lawer cyfrif oedd y John Jones amlddoniog hwn. Fe fyddai plant y pentre'n gofyn iddo a gaen' hw' fynd i'w ardd i "ddwyn" afalau.) (t. 52)

Byddai gan Bob Owen, Croesor, stori am ei gyfaill, Carneddog, wedi mynd draw i Chwilog i edrych am Myrddin Fardd. Wedi cyrraedd yno ar ôl taith bur flinedig, eisteddodd Carneddog yn llipryn chwyslyd, wedi ymlâdd yn llwyr. Roedd ei ludded mor eithafol nes iddo rybuddio Myrddin Fardd y gallai farw yn y fan a'r lle. Cafodd yr hen frawd ateb oedd yn ergydiol o gwta: "Wel, paid â marw yn fama, i ddrewi!"

Os trown unwaith eto i'r *Myfyrdodau*, cawn hanes Owen Ifan y Gelli yn beirniadu (mewn cyfarfod bach, dybiwn i) ac yn cerdded o ben draw'r capel tua'r sêt fawr a bwndel o ffyn newydd o dan ei gesail:

> Dyma fo'n tynnu un ohonynt yn hamddenol o'r bwndel ac yn galw sylw ati. "Y ffon yma," meddai, "mae gwaith dau ar hon—gwaith dyn a gwaith yr Hollalluog." Yna fe aeth ati i dynnu ffon arall o'r pac. "Hon eto," ychwanegodd, "mae gwaith dau ar hon hefyd—yr un dau." (t. 96)

Yn yr un un gyfrol, fe ysgrifennodd Parry-Williams druth o dan y teitl 'Congrinero'. (Benthyciad o'r Saesneg, *conquering hero* yw 'congrinero'.) Sôn y mae am Eisteddfod Wrecsam yn 1912, ac yntau'n bump ar hugain oed yn ennill y Goron ddydd Mawrth, yn ogystal â chael y Gadair ddydd Iau, gorchest gwbl eithriadol.

Dros ddyddiau'r Brifwyl honno, roedd Parry-Williams yn aros ar fferm ei ewythr yn Nyffryn Clwyd. Yn hyn, dylid cofio mai dyn yw'r amaethwr sy'n gorfod dygymod â chaledwaith Sul, gŵyl a gwaith. Gwelir ôl gwaith ar ffarmwr mewn gwisg a gwedd, a'i ddwylo'n gorniog galed o drin gordd a phladur a phicwarch a chryman. Oherwydd ei waith, fe'i ceir allan yn y maes a'i fysedd yn fferru wrth borthi'r anifeiliaid yng nghanol eira. Yn anterth yr haf, mae'n ymlafnio gyda'r cynhaeaf gwair, a'i chwys yn ffrydio. Gwaith, gwaith, gwaith—dyna'i dynged feunyddiol. Ac yn y cyfnod pell hwnnw, wedi'r holl lafurio diollwng, bychan iawn, iawn fyddai enillion yr amaethwr yn y diwedd.

Ar ôl buddugoliaethau hanesyddol Prifwyl Wrecsam, roedd Parry-Williams wedi trysori sgwrs a fu rhyngddo ef a'r hen ewythr o ffarmwr. Ymddengys iddo ymddiried yr ymgom honno, air am air, i'w gyfaill, Cynan. Am hanner can mlynedd a mwy, bu'r stori ynghadw yn yr 'Apocryffa' (chwedl yr athrylith o Bwllheli). Ond yn 1967, cyhoeddwyd *Cyfrol Deyrnged Syr Thomas Parry-Williams*, ac yno mae Cynan yn cofnodi'r sgwrs a fu rhwng yr ewythr a'i nai. Ac fel hyn y bu pethau wedi i'r Congrinero ennill y fath lawryfon yn 1912:

> 'Dywed i mi, Thomas 'machgen i, gest ti rywfaint o arian efo'r Goron yna ddoe?'
> 'Do.'
> 'Faint?'
> 'Ugain punt.'
> 'Ugain punt! Wel! Wel! A gest ti rywfaint o arian ganddyn nhw efo'r Gadair yna heddiw?'
> 'Do.'
> 'Faint?'

'Ugain punt arall.'
'Deugain punt! Mewn un wythnos!! Ac mi gwnest nhw i gyd ar dy din!!!' (t. 135)

(Er i'r direidi hawlio tri ebychnod oddi ar law Cynan, eto mae'n hawdd amgyffred i'r hen ffarmwr gael sioc bur sobreiddiol.)

Ond y mae yna ddireidi o natur ddyfnach eto yn nefnydd Parry-Williams. A chyfadde'r gwir, nid wy'n sicr ai 'direidi' yw'r gair iawn ai peidio yn y cyswllt hwnnw. Beth bynnag ydyw, does dim posib peidio â chilwenu yn ei gylch am fod y cellwair yn beth mor gyffrous. Ystyrier y dweud hwn yn *Myfyrdodau* gan 'ŵr o Gymro amlwg', fel y mae'r awdur yn ei ddisgrifio:

"'Does dim ots gen i am dipyn o gryd-cymalau yn fy llaw a'm bysedd; ond pan fydda i'n meddwl fod rhywbeth yn rong oddi mewn i mi, mi fydda i'n mynd yn dduwiol ar unwaith." (t. 95)

Tybed ai ei gefnder nerfus, Williams Parry, oedd 'y gŵr amlwg' hwn? Ond sylwer i'w bwyslais fod ar 'oddi mewn i mi'. Onid yn y fan honno y llecha'r dirgelwch dynol bob gafael? Ac onid hwnnw yw'r dryswch tywyll sydd yn nyfnderoedd pob personoliaeth?

Bu Parry-Williams yn pondro ddyddiau'i oes ynghylch y dirgelwch mewnol hwnnw; bu'n ceisio datrys *pwy* ydoedd ef ei hunan, *beth* oedd ef ei hunan, ac yn fwy dryslyd fyth, *prun* oedd ef ei hunan. Mewn gair, sawl 'fi' sydd mewn dyn? Yn ei lyfr *Olion*, mae ganddo gerdd o'r enw 'Dryswch', ac y mae brawddeg gyntaf honno'n ysigol yn ei chanfyddiad. Ac yn ei chyfaddefiad ar ben hynny:

Mae amryw byd ohonom yn fy nghlai . . .

Er mwyn dal ar y trywydd caled hwn, beth am y dweud hwnnw yn *Myfyrdodau* sy'n bleth-ymhleth o'r dwys a'r doniol lle mae'n sôn am gymeriad o Ryd-ddu:

. . . hen wraig yn y pentref gynt a fyddai'n achwyn fod cur yn ei phen, poen yn ei haelodau, a chaethdra'n ei brest, gan ychwanegu nad oedd hi ddim hanner da ei hun chwaith. (t. 84)

Clasur o ddweud! Gallai'r hen wraig bwyntio'n burion at ei phen a'i haelodau a'i brest, ond gwyddai fod rhyw ran annelwig arall yn rhywle'n ei pherson, ac er mwyn ceisio cyffwrdd hwnnw, ni allai ond mynegi'n niwlog nad oedd hi ddim hanner da ei *hun* chwaith!

Beth yw'r ymwybod cnawd-ac-ysbryd hwnnw sydd ynom, bawb? Tasg arteithiol i bob dyn yw chwilota trwy'i berson-oliaeth, a llwyddo i'w adnabod ei hunan yn onest. *Sawl* 'fi' sy'n byw oddi mewn i'r ffrâm gig-a-gwaed hon? Yna, *prun* ydyw'r 'fi' iawn? A *phwy*, yn y diwedd, yw'r 'fi' hwnnw? Cywasgodd Parry-Williams y cyfan mewn dau bennill pensyfrdan:

> Mae amryw byd ohonom yn fy nghlai,
> Blithdraphlith oddi mewn, pob un â'i gri,
> Pob un â'i rinwedd a phob un â'i fai,
> Dieithriaid ydym oll,—eto myfi.

> Rhagor nid oes rhwng rhinwedd un a'i fai,
> Ymysg y tryblith nid adweinir cri.
> Mae amryw byd ohonom yn fy nghlai,
> Myfi ŷnt oll,—ac eto nid myfi.   (t. 55)

I ddychwelyd at fras-gribinio'r gwamal yng ngweithiau Parry-Williams, direidi yw hwnnw y mae'r awdur wedi'i glywed gan hwn ac arall yma a thraw, ambell stori ffraeth, ambell sylw gwreiddiol, gydag yntau wedyn yn eu gwasgaru ar hyd ac ar led trwy'r ysgrifau. Ond ar ben y cyfan, roedd yr awdur hefyd yn creu ei ddireidi arbennig ei hunan.

Dyna'r ysgrif sydd ganddo yn *Myfyrdodau* am deulu'r Ffatri, teulu o dri, Dafydd, Robert a Jane, dau hen lanc a hen ferch. 'Pobl ddyfod oeddynt,' meddai. Ac yna, fel pe bai coblyn

100

pryfoclyd yn ei bwnio, mae'n mynnu ychwanegu ffaith sy'n gwbl wybyddus prun bynnag: 'ond y mae pawb o ran hynny wedi dyfod o rywle.' (t. 17) Ychwanegiad, debygwn i, a sgrifennodd a'i dafod yn ei foch!

Mae'n rhaid bod ei feddwl yn gweithio mor fanwl, mor wyddonol gysact, mor ffeithiol nes ei fod o hyd ac o hyd yn mynnu ychwanegu rhyw estyniad hynod i roi clo terfynol ar y ffaith y mae'n ei thrafod. Er bod y ffaith dan sylw yn ddigon amlwg fel y saif, eto daw rhyw chwilfrydedd i'w hysio un cam ymhellach bob gafael.

Ceir yr un math o beth yn yr ysgrif riniol honno 'EL AC ER' yn *Pensynnu*. Sôn y mae am hogyn bach oedd yn seinio pob 'r' yn 'l': 'Lobin Goch al ben y lhiniog'. Ond ryw fore, dyma'r bychan i'r tŷ dan lefaru'n groyw gryf: 'Rrobin Goch arr ben y rrhiniog'.

> "Ym mhle cest ti'r rr 'na, dywed?" gofynnais innau.
> "*Dod* 'naeth hi." Dod, ie; ond o b'le a sut? (t. 38)

Nid yw bod yr hogyn bach wedi ateb "*Dod* 'naeth hi" yn ddigon i feddwl ymchwilgar Parry-Williams. Mae'n rhaid procio ymhellach: Dod, ie. Ond o *ble*? A *sut*?

A thra'n bod ni gyda'r cymalau bychain hyn y mae'r awdur mor hoff o'u hychwanegu ar ddiwedd gosodiad, dyma un arall, lle mae'n disgrifio John, yr hen was ffarm hwnnw. Sut un oedd John?

> . . . gŵr syml hollol, ond â rhywbeth bach yn simpil ynddo hefyd, efallai. Tipyn o "dafod tew" ganddo, ac osgo gwyro ymlaen wrth gerdded—petai fater am hynny. (t. 35)

I mi, mae rhywbeth gogleisiol yn yr ychwanegiad annwyl 'petai fater am hynny'; mae'r awdur wedi gwneud ei osodiad am ei werth, ac yna mae fel pe bai'n canslo'r sylw gyda'r ychwanegiad hwnnw. Diddorol yw sylwi mor hoff oedd Parry-Williams o gynnwys hwn ar gynffon sawl brawddeg yn ei ryddiaith.

Gyda golwg unwaith yn rhagor ar deulu'r Ffatri, cawn ar ddeall y byddai Robert (neu 'Rhobet') yn pysgota'n fynych o'i gwch ar y llyn. (Tybed yn wir ai Rhobet oedd y pysgotwr unig hwnnw a fyddai ar Lyn y Gadair yn 'chwipio'r dŵr a rhwyfo plwc yn awr ac yn y man'?) Boed a fo am hynny, fel hyn yr â'r ysgrif rhagddi:

> Heblaw'r cwch, un darn arall o eiddo Robert oedd y ci, *Prince*, ci ar ei gythlwng yn barhaus, ac oherwydd hynny yn bur swnllyd a chyfarthog. (t. 25)

Wedi meddwl, y mae yna ambell gi felly, on'd oes? Eisiau bwyd yn dragywydd, ac yn barod i draflyncu pob un dim o fewn cyrraedd, a'i gyfarthiad di-daw yn niwsans i bawb yn y cwmpasoedd. (Am ryw reswm rwy'n cael y ffurf 'cyfarthog' yn odidog o ddigri!)

Deallwn hefyd y byddai Robert yn siarad yn ddi-baid efo Prince; 'byddai'n ei geryddu ac yn ei faldodi, ac yn pregethu wrtho neu drwyddo . . .' Dalier ar y sylw bach slei yna sydd mor ddoniol o dreiddgar: pregethu *wrth* y ci, a phregethu *drwy*'r ci!

Cofiaf hanes sy'n ategu'r sefyllfa yna sill am sill. Gŵr a gwraig wedi ffraeo'n benben, ac nid oedd yr un o'r ddau wedi torri gair wrth ei gilydd ers dyddiau lawer. Ond eto, roedd pethau'n mynd ymlaen yn burion ar y tyddyn. A ffordd gyfrwys y cwpwl o roi pethau ar ddeall i'w gilydd oedd siarad trwy'r ci: 'Fasa'n well i ni gael cinio'n o gynnar heddiw, Pero?' holai'r gŵr. Yn y man, gofynnai'r wraig, hithau, 'Wyt ti'n meddwl yr awn ni i'r dre'r pnawn 'ma, Pero?' Holid fel hyn, nid bod disgwyl i Pero ateb, ond am y bwriedid i'r llall oedd yn y gegin fod wedi clywed y cwestiwn a'i awgrym. Nid siarad *wrth* y ci oedd yn digwydd ar y tyddyn, ond siarad *trwy*'r ci!

Felly, y mae'n ymddangos, yr oedd Robert wrthi'n doeth-inebu yng nghlyw Prince:

> . . . fel petai'r ci rywdro wedi ei dynghedu i gyhoeddi'r

gwirioneddau a'r gosodedigaethau a glywsai, wrth ddynoliaeth yn gyffredinol . . . A'r ci, druan, a oedd i fod yn offeryn ac yn offeiriad i'w trosglwyddo i ddeillion y byd. "Dwed ti wrthyn nhw, Prince bach," meddai Robert. (t. 26)

Wrth anelu tua phen y dalar, dyma ganoli ar un sefyllfa a ddisgrifir yn y bennod 'Pendraphendod' allan o'r gyfrol *Pensynnu* (tt. 41-42). Meddai'r awdur amdano'i hunan: 'Yr oeddwn i'n treiglo'n bensyniol un prynhawn yn ddiweddar hyd balmant un o ystrydoedd gemog Caerdydd . . .' Cofier mai treiglo'n *bensyniol* y mae—rhyw gamu'n betrus gan edrych o'i gwmpas fel gŵr nad oedd yn siŵr o gwbl o'r iawn gyfeiriad. Pam wedyn 'ystrydoedd *gemog*'? (Clywais un cyfaill yn dyfalu'n eithaf rhesymol mai strydoedd oedd y rhain wedi hir arfer â thyrfa'r bêl-droed, neu rygbi. Strydoedd y 'gêm', fel petai; o ganlyniad 'gemog'. Di-fai gynnig.) Ond o ddarllen ymlaen, mae'r awdur sylwgar yn esbonio pam 'gemog': Diamond Street, Ruby Street, Sapphire Street . . .

Yng nghyswllt y stori hon, gyda llaw, dylid cofio o'r newydd pwy oedd y gŵr a gerddai ar y palmant. Neb llai na'r Athro T. H. Parry-Williams, a'i athrylith yn llachar trwy Brifysgol Cymru, a'r cyfandir yn ogystal. Hwn oedd y Doctor Parry-Williams, gyda thair doethuriaeth yn anrhydeddau ar ei ysgwydd ddiymhongar. Ef hefyd oedd Syr Thomas Parry-Williams, gyda thrigain mlynedd o'i ysgolheictod mewn silff ar ôl silff o lyfrau a chylchgronau. O gofio hyn oll, fe'i dilynwn bellach o gam i gam, a'i wylio'n petruso pa ffordd i fynd nesaf yn y ddinas fawr:

Yr oeddwn i'n treiglo'n bensyniol un prynhawn yn ddiweddar hyd balmant un o ystrydoedd gemog Caerdydd (Diamond Street, Ruby Street, Sapphire Street, etc.) sydd heb fod nepell o stiwdio deledu yno, ac wedi imi gyrraedd cornel ac araf betruso ennyd, dyma eneth fach bump neu chwech oed, un dywyll iawn ei phryd gyda gwallt gloywddu "dros ei dannedd" (fel y dywedir), yn edrych yn syn i fyny ataf ac yn gofyn yn siriol, "Where 'yo' goin', bud?" Mi sobrais yn syth.

Dyna'r pnawn y tynnwyd yr athrylith fawr o Ryd-ddu i lefel y 'bud'! Bendith arno, nid oedd powldrwydd diniwed y plentyn bach yn tarfu'r dim lleiaf ar yr ysgolhaig gwylaidd. Yr hyn a'i siglodd oedd i gwestiwn yr eneth ei sobreiddio'n ddirfawr. A dyma'i ymateb:

> Erbyn ystyried am eiliad, ni wyddwn i mwy na hithau. A byth er hynny y mae'r hen gwestiwn sylfaenol hwn wedi bod yn hymian yn fy mhen, fel y bu filwaith o'r blaen!

Mae'n wir y taflwyd llawer cwestiwn at Parry-Williams yn ystod ei oes, ac yr oedd ganddo ffordd hudol o ateb llawer un. Efallai mai'r ateb mwyaf fflachiog o'r cyfan oedd hwnnw pan ofynnwyd iddo ar raglen deledu a oedd yn credu yn y Tylwyth Teg. 'Wel,' meddai yntau, 'dydw i ddim yn credu yn yr hil fel y cyfryw. Ond y *maen* nhw'n bod!'

Ar un awr o fyfyrdod, fe farnodd Parry-Williams fod yna lannerch rywle yn wybren y cread na fedrai terfysgoedd daear gyffroi dim arni hi. Dros y llain ddethol honno, meddai'r bardd, mae tangnefedd grymus 'sydd yn toi diddim diarcholl yr ehangder mawr'. Mae'r gwagle hwnnw'n llwyr allan o afael trybestod dyn, a does yna'r un graith ar gyfyl y lle, am mai yno y mae 'llyfnder esmwyth y mudandod mwyn'.

"Where 'yo' goin', bud?" hola'r llais.

Hyn oedd ateb Parry-Williams yn y soned 'Dychwelyd' (t. 57) allan o'i gyfrol *Cerddi* yn 1931:

> Ni wnawn, wrth ffoi am byth o'n ffwdan ffôl,
> Ond llithro i'r llonyddwch mawr yn ôl.

Ac yn ymyl peth fel yna, y mae pob direidi'n ymddwysáu.

COED-Y-PRY

(i)

Ni welid coed o fawr bwys ym mro mebyd Parry-Williams yn Rhyd-ddu. Oni thystiodd ef felly gyda phendantrwydd wrth agor ei soned 'Moelni'?

> Nid oedd ond llymder anial byd di-goed
> O gylch fy ngeni yn Eryri draw . . .

Yn y bennod hon, fodd bynnag, rydym yn ôl yn ardaloedd y coedydd. Toc wedi gadael Trawsfynydd, fe'u ceir yn winllan-noedd cartrefol i lawr am y Ganllwyd, Dolgellau a Rhyd-y-main at y Bala, a thraw tua'r Sarnau a Llawrybetws.

Gadewais un pentref yn fwriadol heb ei enwi, am y gellir dadlau ei fod y man hynotaf o'r cyfan oll ar y daith a nodwyd. Y llecyn breintiedig hwnnw yw Llanuwchllyn. Breintiedig o achos prydferthwch naturiol ei leoliad yn sefyll ger ymylon Llyn Tegid ar wastatir rhwng dwy gefnen o fryniau coediog. Ond yn fwy na hynny wedyn, mae'r llan yn freintiedig oherwydd mawr ddiwylliant ei drigolion o hil gerdd, ac er bythol glod i'r pentre bywus y mae'n para felly hyd heddiw.

Wrth groesi o'r ffordd fawr ar hytraws y llan, a throi ar y dde i gyfeiriad Cwm Cynllwyd a Bwlch-y-groes, cyn pen dim down at Goed-y-pry, lle ganed Owen Edwards, mab enwocaf Llanuwchllyn. Teg hefyd yw cydnabod i genedlaethau o'r Edwardsiaid hyn adael argraff anarferol drom ar Gymru, gan gynnwys oedolion a phlant fel ei gilydd, a hynny hyd yr awron.

Coed-y-pry. Yn ôl yr enw, mae'n amlwg fod yno goed—yn fasarn a derw bach y mynydd-dir gyda mân brysgwydd a gwrychoedd drain duon. Yn wir, ymhen blynyddoedd wedi chwalu'r bwthyn tlodaidd cyntaf a chodi cartref arall yn ei le, roedd rhai o deulu Coed-y-pry yn dal i gofio am y goeden griafol oedd yn tyfu ar bwys llidiart y tyddyn.

Os felly'r coed, beth ynteu am y pry? O redeg trwy'r gân am

y bonheddwr mawr o'r Bala'n mynd i hela ar y gaseg denau ddu honno, daw'r ail bennill â ni at y datrysiad:

> Carlamodd yr hen gaseg
> O naw o'r gloch tan ddeuddeg
> Heb unwaith godi pry . . .

A'r 'pry', bid siŵr, oedd y llwynog. (Clywais ddefnyddio'r gair 'pry' am ysgyfarnog gan rai; a hefyd 'pry' llwyd am y mochyn daear neu'r *badger*.) Boed a fynno am y coed a'r pry, o hyn ymlaen, bydd cartref syml Coed-y-pry yn fythol glwm wrth enw O. M. Edwards a'i gyfraniad anfesurol i Gymru.

Perchennog Coed-y-pry, fel sawl tyddyn arall, oedd Syr Watkin Williams-Wynn, sgweier stad helaeth ym Mhenllyn. Trigai ef ym mhlasty moethus Glan-llyn ar fin llyn Tegid, ac erbyn heddiw, eironi rhyfedd yw bod y Glan-llyn hwnnw'n un o gartrefi Urdd Gobaith Cymru a sefydlwyd gan Syr Ifan, mab O. M. Edwards.

Disgrifiad O. M. o'i gartref yng Nghoed-y-pry oedd 'ffermdy adfeiliedig'. Beth bynnag am ei gyflwr llwm, bu yno aelwyd arbennig o ddedwydd. Am ei dad, yr addfwynaf o ddynion, ac yn ferw o ddireidi, fel hyn yr ysgrifennodd y mab amdano: 'Nid oedd fy nhad yn ŵr blaenllaw gyda dim. Nid un o feibion yr argyhoeddiadau cryfion oedd ef, ac ni yswyd ei fywyd gan uchelgais y byd hwn . . .' Am fam O.M., roedd hi'n weithreg ddyfal a darbodus, a dywedir mai arni hi y syrthiai'r dasg o wastrodi'r plant os byddai angen hynny.

Er gwaethaf cyni'r cyfnod, magwyd pedwar bachgen nobl yng Nghoed-y-pry: Owen, yr hynaf, yna Thomas, oedd yn amaethwr dygn, Edward a ddaeth yn Athro Hanes yng Ngholeg Prifysgol Cymru, Aberystwyth, a John a fu'n brifathro ysgol yn Nhreffynnon. O'u mebyd cynnar, meithrinwyd y plant yn nhraddodiad capel, ysgol Sul a seiat. Eto, ar wahân i gymdeithasu felly draw ym mhentref Llanuwchllyn a'r cylchoedd, roedd yr aelwyd ei hun yn feithrinfa diwylliant i'r bechgyn. Gofalai Owen 'Edwart', y tad, eu bod yn ymgyfarwyddo ag anifeiliaid ac adar y gwyllt o'u cwmpas, ac âi i drafferth fanwl wrth eu dysgu am goed a blodau'r meysydd a'u cael i gofio'u henwau fesul dwsin. Yn ogystal â hynny, dôi cymdogion ar dro cyson i Goed-y-pry i gynnal difyrrwch mewn cân a stori, a gorau po fwyaf cyffrous a fyddai'r hanesion am ysbrydion a bwganod. Haen ddwysach o'r diwylliant fyddai trafod pregethau cewri'r pulpud heb sôn am ddwyn ar gof ambell anturiaeth a fu yn hanes cenhadon teithiol y cyfnod hwnnw, fel y pregethwr yr oedd lleidr am ei ysbeilio ar Fwlch-y-groes nes i angel ei waredu.

O ganlyniad, roedd Owen eisoes yn fachgen hirben a deallus pan aeth gyntaf i Ysgol y Llan (a oedd yn eiddo i'r tirfeddiannwr). Ond wrth i'r Cymro bach uniaith fentro cerdded trwy ddrws yr ysgol honno, fe gerddodd hefyd yn gwbl ddiniwed i drap dieflig y system addysg oedd ar fynd bryd hynny. Ar ei fore cyntaf yno, bu nifer o blant taeogaidd yn cynio mor egr arno nes iddo o'r diwedd golli'i dymer a'u hateb yn ôl gyda chwrs o frawddegau chwyrn. A gwneud felly, wrth reswm, mewn Cymraeg cyhyrog. Trwy hynny, roedd wedi peri i'r trap gau yn chwip arno'i hunan.

Gydag iddo adweithio felly, y funud nesaf daeth un o'r disgyblion ato a rhoi llinyn am ei wddf a thelpyn trwm o bren yn hongian wrtho. (Ar ambell un o'r prennau cythreulig hynny, byddai'r ddwy lythyren 'WN' wedi eu cerfio i'r coedyn—'Welsh Not' neu 'Welsh Note'.)

Yr unig ffordd i gael gwared â'r albatros melltigaid oddi ar wegil y bachgen oedd dal plentyn *arall* yn siarad Cymraeg; ar adeg felly, byddid yn trosglwyddo'r tocyn pren, a'i hongian am wddf y truan anffodus hwnnw. Ar derfyn diwrnod yr ysgol, câi'r plentyn olaf i wisgo'r teclyn ei gosbi â'r wialen. (Heddiw, mae'n anodd dychmygu i unrhyw athro neu athrawes mewn oed cyfrifol fod mor daeog a llwfr—a chreulon ar ben hynny—i gydnabod y fath gamwri, ac ildio i ganiatáu gweinyddu'r ffasiwn gieidd-dra. A'r rheini yn Gymry at hynny. Sôn am ddyffryn ein darostyngiad fel cenedl!)

'Bu'r tocyn hwnnw am fy ngwddf gannoedd o weithiau,'

meddai O. M. Edwards yn ddiweddarach, ac wrth sôn am 'y dull melltigaid hwn o ddinistrio sylfeini cymeriad plentyn', mae'n agor ei galon fel hyn: 'Dysgu plentyn i wylio plentyn llai'n siarad iaith ei fam er mwyn trosglwyddo'r gosb arno ef! Na, nid aeth y tocyn erioed oddi am fy ngwddf, dioddefais wialenodiad bob dydd fel y dôi diwedd yr ysgol.'

Yn ysgol y Llan, ar wahân i wrymiau ar ei gorff meddal, cafodd ysbryd Owen, Coed-y-pry, ei archolli'n ddwfn, ac arhosodd y graith honno ar ei feddwl am weddill ei oes.

Eto i gyd, roedd yn ysu am addysg, a phan ddaeth cyfle gwaraidd i'w ran, aeth trwy gyrsiau ysgolion a cholegau dan leibio gwybodaeth, a'i athrylith yn ennill iddo lawer ysgoloriaeth i'w helpu ymlaen. O fachgen oedd yn darn-addoli cefn gwlad Llanuwchllyn a'i phobl, mae'n syndod ar ryw wedd iddo fentro mor bell yn ddaearyddol. Mynd o ysgol Tŷ-dan-Domen ac yna'r coleg yn y Bala i Aberystwyth, a sefyll arholiadau yn Llundain; symud wedyn i Brifysgol Glasgow, ac yna i golegau Balliol a Lincoln yn Rhydychen lle bu'n ddarlithydd mawr ei barch.

Pan aeth i'r coleg yn Aberystwyth yn 1880, sonia mewn llythyr at ei dad a'i fam ei fod yn aros yn 1 Sea View Place, lle gofalai'r lletywraig, Miss Keeling, amdano. 'Hen ferch garedig ydyw Miss Keeling,' meddai, 'yn medru Cymraeg mor dda â chwithau . . .'

Er imi fanylu ar y mater hwn yn *Hoelion Wyth*, ni allaf ymatal rhag cynnil grybwyll y digwyddiad unwaith yn rhagor. Yn 1981, pan oeddwn yn Athen, cwrddais ag Ianis, y Groegwr oedd i'n tywys o gwmpas Delffi, Olympia, Corinth a mannau hanesyddol eraill. Pan holais ef ynghylch ei gyfenw an-Roegaidd braidd, sef 'Keeling', eglurodd fod i'w hynafiaid ef gyswllt â thref Aberystwyth yng Nghymru, a thybiai fod rhai wedi'u claddu yn y cwmpasoedd hynny.

Wedi dychwelyd i Gymru ac ymholi ymhellach, deallais fod y Miss Keeling y soniai O. M. Edwards amdani yr olaf un o'r teulu hwnnw yn yr Aber, a bod stori'r Groegwr yn ddiogel gywir. Profiad eithaf cyffrous i mi oedd bod wedi taro'n ddamweiniol ar ddisgynnydd o dras y Keeling, a hynny yn ninas Athen, o bobman. A chanrif helaeth yn pontio deupen yr hanes.

Mae'r cyd-ddigwyddiad sydd yn y stori uchod mor ddifyr gymhleth â bywyd O. M. Edwards ei hunan. Fel pob athrylith, roedd ynddo yntau glymau dyrys o ddiddorol. Ar un adeg, bu'n ddisgybl-athro, ond nid aeth ymlaen fel athro ysgol. Yn nes ymlaen yn ystod ei gwrs, bu'n pregethu ar hyd a lled y wlad, ond trodd yn ei garn a chefnu ar y syniad o fynd i'r weinidogaeth. Er ei fagu mewn 'ffermdy adfeiliedig' chwedl yntau, gyda'r blynyddoedd cododd blasty iddo'i hun a'i deulu yn Llanuwchllyn. Er iddo gael ei glwyfo'n ingol fel plentyn gan warth tocyn pren y 'Welsh Note', eto pan ddechreuodd gadw dyddiadur a nodlyfrau, yn Saesneg yr ysgrifennai gan amlaf. Yn ei lyfrau, mae'n sôn yn eithaf cyson am orthrwm y Sais ar Gymru, ond pan fu am dro byr yn Aelod Seneddol, ni pharodd 'ddaeargrynfeydd dan gadarn goncrit Philistia'. Eto, teg a phwysig yw tystio, pan benodwyd ef yn Brif Arolygydd Ysgolion Cymru yn 1907, iddo fynnu newid yr hen feddylfryd Seisnig, a bod y Gymraeg a hanes Cymru'n cael eu priod le wrth addysgu plant.

Ar ryw wedd, roedd yn ŵr dwys, mewnblyg yn fynych, a gwyddai beth am bruddglwyf. Serch hynny oll, o dan y cyfan, roedd yn O.M. ffrwd loyw o ddireidi, fel ei dad, o bosibl. Weithiau, mewn llythyr a llyfr, bwria ati am baragraff a mwy gan ysgrifennu'n wironeddol ddigri; bryd arall daw'r hiwmor allan yn slei mewn cilymadrodd ganddo. Cododd ei gofiannydd, W. J. Gruffydd, stori anhygoel ddoniol allan o ddyddiadur O.M. yn 1883 pan oedd yn fyfyriwr yn Aberystwyth, ac yn cysgu yn y Coleg erbyn hynny.

Ym mis Mawrth y flwyddyn honno, a hithau'n berfedd nos, clywyd nodau corn-hela'n atseinio trwy adeiladau'r coleg. Pan redodd yr Athro Genese allan i'r coridor yn ei grys nos, gwelodd fod pob drws wedi'i gau a phob man yn llethol dawel. Wedi sbel dda o dawelwch felly, torrodd ubain y corn eto fyth nes bod ei eco'n llenwi'r nenfydau uchel. Er i rai godi a chwilio'n ddyfal, nid oedd olwg o undyn byw yn unman. Am i'r dirgelwch ysbrydlyd hwn fynd ymlaen am rai nosweithiau, galwyd pwyllgor i drafod yr achos rhyfedd, a mynnodd y Prifathro ei hunan y byddai'n ymdrin â'r broblem. Y tro nesaf, pan seiniodd y corn ei oernadau hwyrol, rhuthrodd pawb allan o'u lloches gydag Owen Edwards yn eu plith. Er cerdded grisiau a choridorau, ofer fu pob chwilota. Eto i gyd, daliai'r corn dolefus i dorri ar heddwch y canolnos bob hyn a hyn.

Yna'n sydyn, darfu'n llwyr am nodau cras corn Annwn, 'a dechreuodd yr ofnus anadlu drachefn' meddai W. J. Gruffydd. Yr esboniad dirgel oedd fod un o helwyr Nanteos—a pherchennog y corn—wedi galw yn Aberystwyth i gyrchu'r offeryn oddi wrth ddyn ifanc oedd wedi cael ei fenthyg ar gyfer amgueddfa'r coleg. Enw'r dyn ifanc hwnnw oedd O. M. Edwards! (Ychwanegir hefyd na faddeuodd y Prifathro fyth i'r myfyriwr o Lanuwchllyn am y fath ddireidi.)

Heb un os, roedd ym mherson yr ysgolhaig disglair hwn begynau o eithafion, a'r rheini, ar yr wyneb, yn awgrymu anghysonderau hynod. Mae'n wir y dylid derbyn fod direidi a dwyster yn yr un un person, o leiaf yn lled ddealladwy. Eto, pan gofir am O.M. fel gŵr calon feddal oedd yn casáu creulondeb, pur anodd yw cysoni mab Coed-y-pry yn 1914 wrthi'n cydweithio â Syr Watkin Williams-Wynn, o bawb, i berswadio llanciau Meirionnydd i ymuno â'r Fyddin. Gwedd arall arno yw'r person a fyddai'n troi ymysg glewion byd addysg a gwleidyddiaeth, ond ar yr un gwynt yn dyheu am dawelwch unigeddau Penllyn; y gŵr cyhoeddus yn dymuno o'i galon am fedru osgoi pobl. Fel llawer cawr arall, roedd mab Coed-y-pry, yntau, yn 'gymysg oll i gyd'.

(ii)

Uwchben pennod 'Y Bala' yn *Clych Atgof*, mae O. M. Edwards wedi cynnwys darlun pin ac inc o afon Tryweryn yn llifo trwy lannerch goediog. Ac meddai:

Nid oes yn y Bala weithfeydd na masnach brysur, nid oes fwg rhyngddi a'r nefoedd, ac nid oes na huddugl na pharddu ar ei heolydd. Ni chodwyd cri am dorri'r coed cysgodol sy'n tyfu ar ei heolydd er mwyn i olwynion masnach brysuro drwyddi. Nid oes weithfeydd i lenwi'r aberoedd â duwch ac â gwenwyn, y mae'r Tryweryn a'r Ddyfrdwy fel y grisial, a Llyn Tegid fel môr o wydr.

Brin ddeugain mlynedd ar ôl marw'r llenor o'r Llan, daeth cyffro blin i ardal Penllyn. Bu dadlau a phrotestio, bu ffrwydro a charcharu, a daeth COFIA DRYWERYN yn slogan ar waliau a phontydd dros Gymru benbaladr. Erbyn heddiw, mae haul llawer haf a storm llawer gaeaf wedi plicio'r paent oddi ar sawl wal a phont. Ond y mae'r graith wedi'i serio ar gof y genedl.

Tybed beth a fyddai barn O. M. Edwards o weld chwalu ar ddwsin o gartrefi Cymru yn 1963, a bod trigain a mwy o'r trigolion wedi'u symud o'u cynefin er mwyn boddi Cwm Celyn a diodi miliynau Lerpwl a'i maestrefi.

Erbyn 1964, roedd y dŵr mawr yn graddol ymledu dros y cwm, yn cronni'n ddistaw bob eiliad, ddydd a nos, nes o'r diwedd i'r dyfroedd lenwi pob erchwyn o'r gwely yn y 'Tryweryn Reservoir', gwely dwy filltir mewn hyd, ac yn ei fan lletaf yn filltir ar draws. (Sylwer mai 'Tryweryn Reservoir' oedd yr enw gan Gyngor Dinas Lerpwl, ond yn fuan iawn cafodd ei newid i 'Llyn Celyn'.)

Y ffaith yw fod yna Lyn Tryweryn arall i'w gael, a bod hwnnw wedi ffynhonni ym mryniau Meirionnydd cyn i ddinas Lerpwl ddod i fodolaeth erioed. Wrth deithio o Drawsfynydd tua'r Bala a dringo dros frig uchaf Cwm Prysor, gellir gweld Llyn Tryweryn ar yr ochr dde i'r ffordd yn llyn bach pefriog. Ac o hwnnw y mae afon Tryweryn yn cychwyn ar ei thaith tua'r Bala.

Cyn cyfnod y Chwalfa Fawr, byddid yn gyrru ymlaen am ryw filltir go dda nes cyrraedd pwt o bentref, gydag ysgol, siop-bost, capel a dyrnaid o dai. Rhwng y capel a'r ysgol roedd yna bont un bwa, ac o dan honno fe lifai afon arall—afon Celyn— wedi dod ar ei thaith trwy weundir y Migneint, ac ar ôl gadael pont y pentref byddai Celyn yn cyfarfod ag afon Tryweryn yn is i lawr ar waelod y cwm gan lifo tua thre'r Bala.

Wedyn, ar esgeiriau'r dyffryn, roedd yna nifer o ffermydd a thyddynnod. Rhwng popeth gan hynny, fe geid cymdeithas hyfryd o Gymry cefn gwlad, ac enghraifft berffaith o'r cartrefi gwledig hynny yr oedd O. M. Edwards wedi'i gyfareddu ganddyn nhw o'i febyd.

Fel gweinidog yn nwyrain Meirionnydd, bûm yn pregethu i gynulliad Capel Celyn dros gyfnod o ddeng mlynedd lawn. A hen bobol ardderchog oedden nhw hefyd. Roedd y capel ei hun yn ganolfan i fywiogrwydd y cwm, a rhywbeth ar fynd yno gydol yr wythnos. Roedd yno eisteddfodwyr brwd, a chantorion o gryn faintioli'n ennill mewn cystadlaethau o gwmpas yr ardaloedd, a gwneud marc fwy nag unwaith yn y Brifwyl Genedlaethol.

Roedd yno grefftwyr hefyd. Yn fy nyddiaduron, mae gennyf sawl nodyn am Suliau Capel Celyn. Gorffennaf 1955: 'galw yn Rhyd-y-fen i weld y delyn a wnaeth John Anthony Jones.' (Tybed ymhle y mae'r delyn honno heddiw?) O gipio trwy'r dalennau, mae'n ymddangos y medrai'r gaeaf yn y cwm fod yn eithaf garw. Dyma nodiad am Sul yn Nhachwedd 1950: 'Diwrnod oer a stormus.' Wedyn Mawrth 1951: 'Glaw mawr.' A Chwefror 1955: 'Eira a rhew . . . cymryd awr i fynd yno.'

Ond erbyn canol y flwyddyn honno, roedd storm ffyrnicach yn magu'i chymylau uwchben y cwm. Roedd dinas Lerpwl yn bwriadu boddi'r lle er mwyn creu cronfa ddŵr ar gyfer y parth hwnnw o Loegr. Yn ystod y misoedd dilynol, a'r brotest leol yn angerddoli, cyn bo hir iawn roedd yn ymddangos fod y rhan fwyaf o Gymru drwyddi draw wedi ymuno â'r frwydr o achub Cwm Celyn, ac yr oedd pob gobaith y byddai'r brotest genedlaethol yn cario'r dydd.

Gobaith neu beidio, roedd Lerpwl yn benderfynol o gael y maen i'r wal, ac fe ddechreuson ar y gwaith o ddymchwel y cartrefi i'r ddaear a chodi argae ym mhen isa'r cwm. Er i rai protestwyr brwd chwythu un peiriant trydan pwysig yn chwilfriw, ac er carcharu dau neu dri, ymlaen yr aeth yr adeiladu ar gyfer y boddi mawr. Ym mis Medi 1963, fe gynhaliwyd gwasanaeth i ddatgorffori'r hen gapel. Am fod y lle'n orlawn a bod tyrfa mor helaeth wedi ymgynnull, bu'n rhaid i gannoedd sefyll allan yn y tywydd. Yn fuan wedyn, fe chwalwyd gweddill y pentref at ei sylfeini, gan gynnwys y capel a'r fynwent. Yn 1964, fe godwyd math o gapel coffa ar fin y llyn newydd a gosod cerrig beddau'r hen fynwent islaw ar lawnt gyfagos.

A dyna'r cyfan drosodd? Ar un olwg, ie. Ond nage chwaith!

Rhyw saith mlynedd yn ôl fe gawsom haf sych anarferol iawn, ac ar nawn crimp o hydref euthum draw i olwg Llyn Celyn. Ond doedd yna'r un llyn yno! Roedd dŵr mawr Lerpwl wedi diflannu'n llwyr, a'r hen gwm wedi dod i'r golwg unwaith yn rhagor. Profiad pur iasol oedd sefyll yng nghanol math o atgyfodiad-dros-dro, fel petai.

Cofiaf gerdded i lawr dros grystiau o bridd a'r rheini'n graciau sychion dan draed. Cyn pen chwarter awr, roeddwn yn sefyll unwaith eto ar wegil y bont yng Nghapel Celyn. Wrth bensynnu'n hir ar yr olygfa, beth a welwn yn ymdreiglo'n ddistaw drwy'r sychtir ond ffrwd fain. Beth oedd y ffrwd fain honno, erbyn gweld, ond afon Celyn wedi rhyw lifo'n drafferthus o'r mynydd draw fel petasai wedi penderfynu galw heibio i'w hen bentref fel y bu'n arfer â gwneud trwy'r oesoedd.

Ond y dirgelwch i mi oedd hyn: ar ôl boddi Capel Celyn, a'r bont o dan lathenni lawer o ddŵr, yn naturiol fe ddaeth tunelli o bridd a mwd i lwyr orchuddio, onid difodi, gwely'r hen afon ar waelod tywyll y llyn. Ac er i afon Celyn lifo fel erioed o'r mynydd, cyn gynted ag yr oedd hi'n cyffwrdd gweflau'r gronfa newydd, a hynny bellach chwarter milltir yn uwch i fyny, roedd yr afon fach yn cael ei sugno'n syth a'i thraflyncu bob siâp dros wyneb y dyfnder dieithr.

Eto i gyd, ar ôl cael ei drysu am chwarter canrif a mwy gan ferw'r gronfa fawr, yn ystod yr haf crasboeth hwnnw dyna lle'r oedd yr afon eiddil yn ymdroelli gan bwyll tuag ataf fel y safwn ar wegil y bont. Petai hi wedi colli'i chyfeiriad, ac wedi methu'r bont o ganllath yn is i lawr, dyweder, fuaswn i ddim wedi synnu o gwbl.

Ond na! Roedd afon Celyn yn anelu'n deg at ei tharged, ac fe lifodd o dan ganol union bwa'r bont, yn hollol fel yr oedd hi wedi arfer â gwneud cyn bod sôn am Lerpwl erioed. A'r dirgelwch yw fod yna rywbeth sy'n mynnu aros o gwmpas yr hen gwm Cymreig, ac yn gwrthod yn deg â diflannu. Rhyw ddirgelwch na ellir ei ddadansoddi na'i foddi fyth.

Onid oedd yr un peth yn wir am y dirgelwch o gwmpas O. M. Edwards? Gellir awgrymu iddo yntau gael ei foddi gan lanw newydd ei lwyddiannau a'i waith a'i fynych deithio. Am gyfnodau, bu yn llwyr o olwg Llanuwchllyn yn Glasgow, yn Rhydychen ac yn Llundain. Cafodd ei dynnu a'i groesdynnu'n ddryslyd sawl tro gan rym y lli, a'i draflyncu gan brysurdebau trymion. A phan y'i bwriwyd i'r dyfnderoedd tywyll gan ddwy brofedigaeth deuluol, cafodd ei gorddi mor egr bryd hynny nes i lawer dybio na ddôi fyth i'r lan.

Eto, pan giliodd y llifeiriant o'i gwmpas, a'r llyn yn gostwng beth, gwelwyd fod ffrwd athrylith Owen Edwards, fel afon Celyn, yn dal i gofio'r hen gwrs cynnar, ac yn llifo'n ddiogel rhwng union geulannau'i febyd pell yn Llanuwchllyn.

Ar wahân i'w ddawn fel llenor, sylwer ar adlais ei blentyndod yn y brawddegau hyn o'i gyfrol *Clych Atgof*—roedd ef yn tynnu at fod yn hanner cant oed erbyn hynny:

Bûm yn gwylio'r ehedydd yn ymgolli o'm golwg yn yr awyr; bûm yn gwylio'r lleuad yn codi dros y bryn, ac yn gwaeddi arni, mewn ofn, ar bwy yr oedd yn spïo; bûm yn gwylio'r eira yn pluo, gan dybied mai gwenyn wedi cael dillad newyddion welwn; ac yr wyf yn cofio'm dychryn wrth glywed rhu disymwth gwynt meiriol, a chreciadau brawychus y rhew yn yr afon.

Serch i Saunders Lewis daeru mai dylanwad Dafydd ap Gwilym arno oedd yr ysgrifennu uchod, mynnaf ddal mai magwraeth ei febyd sy'n llefaru yma. Oni adawodd bro wledig Coed-y-pry argraff ddofn ar wêr meddal ei fachgendod? Ac er iddo grwydro'n helaeth, i O. M. Edwards roedd cartrefi syml cefn gwlad Llanuwchllyn yn ficrocosm o Gymru gyfan.

Gan hynny, mynnodd gyrraedd at ei genedl trwy ysgrifennu'n llifeiriol am fröydd a chartrefi, am yr enwog a'r di-sôn fel ei gilydd, am hanes Cymru, ei merthyron a'u haberth. Bwriodd i'r dasg gan ei drethu'i hunan—a'i deulu, bid siŵr—yn gwbl ddiorffwys. Gweithiodd ar lyfrau i oedolion a phlant, cynlluniodd gylchgronau a sawl cyfres o lyfrau, ac er i aml un fynd i'r gwellt, ni phylai hynny'r dim lleiaf ar ei weledigaeth. Yn hyn i gyd, bu'n tywallt pob gwybodaeth a feddai i gyfeiriad ei 'werin'. Yn wir, llwyddodd i ddenu ugeiniau o bobl i fentro sgrifennu eu meddwl ar bapur, a hynny am y tro cyntaf erioed i amryw. Gwnaeth y cyfan oll 'er mwyn Cymru'.

Am ei fod yn hanesydd profedig, roedd yn goleuo'i gyd-Gymry gyda thalpiau solet o hynt mawrion y canrifoedd, fel Glyndŵr, Thomas Cromwell, a John Milton heb anghofio cewri Ewrop yn ogystal. Ond yn hyn oll, wrth ddisgrifio'i aml deithiau yn chwilio am gartrefi fel Dolwar 'Fechan', y Garreg Wen a Phantycelyn, ni allai beidio â nodi'r blodau a welai ar ddôl a chlawdd a mynydd, sy'n adleisio dylanwad cynnar ei dad arno. Mae'n gweld y bedw a'r cyll, y goesgoch, llysiau'r neidr, llafrwyn, chwys Mair, blodau'r taranau, corn carw, llysiau'r mêl, clychau'r gog a'u tebyg. Gyda llaw, sylwer (yn arbennig yn *Cartrefi Cymru*) fel y mae'n mynych sôn am y tywydd, ac wrth gerdded mewn parth dieithr yn chwilio am gartref rhyw enwogyn, fe'i cawn rhwng deuglawdd mynydd neu ar lwybr coedwig yn disgrifio'r glaw sy'n ymarllwys arno, neu'r storm daranau y mae'n cysgodi rhagddi.

Yn ei hanfod, a thrwy'r cyfan cymysg, mab Coed-y-pry oedd Syr O. M. Edwards. Nid darlithydd na gwleidydd na phregethwr oedd y gwron talentog, ond Cymro coeth o ramantydd a bardd—ac arlunydd at hynny. Gydag un weledigaeth fawr yn ei ysu, llafuriodd ddyddiau'i oes ar gyfer y 'werin' Gymraeg (a Chymreig hefyd, o ran hynny) ac y mae'n ddiamau iddo'i losgi'i hunan allan 'er mwyn Cymru' ac 'i godi'r hen wlad yn ei hôl', fel y byddai mor hoff o'n hatgoffa gyda'i sloganau.

(iii)

Ar wahân i'w lafur dirfawr gyda chylchgronau fel *Cymru'r Plant*, ac yn arbennig *Cymru* (y cyfeirid ato gan lawer fel 'Cymru Coch' oherwydd lliw y clawr) fe sgrifennodd O. M. Edwards o leiaf ddeunaw o gyfrolau (mewn Cymraeg oedd yn newydd o raenus) ac enwi ond *Cartrefi Cymru*, *Tro trwy'r Gogledd*, *Er mwyn Cymru* a *Llynnoedd Llonydd*. At hyn, bu'n paratoi defnydd darllen mewn cyfresi unffurf fel *Cyfres y Fil* a *Llyfrau Ab Owen* oedd yn cynnwys hanes a gweithiau beirdd a llenorion, gyda'i fyfyrdodau ef ei hunan mewn sawl cyfrol o'u plith. Argraffwyd y rhain yn llyfrau bychain gleision, hynod o hylaw, ac am fod y ddwy gyfres mor debyg i'w gilydd mewn ffurf a diwyg, aeth yn ddryswch i lawer casglydd wrth geisio penderfynu faint yn union o lyfrau oedd yn perthyn i'r naill gyfres fel y llall. Etyb E. D. Jones mai 37 yw nifer cyfrolau *Cyfres y Fil*. Eglura hefyd i'r enw hwnnw gydio am i'r golygydd wahodd mil o danysgrifwyr i dderbyn o ddwy i bedair cyfrol bob blwyddyn. (Felly, gan mai cyfres y mil tanysgrifwr oedd honno, beth a barodd y treiglad rhyfedd a'i galwodd hi wrth yr enw *Cyfres y Fil*? Onid 'Cyfres y Mil' sy'n naturiol ar dafod? Ond pwynt dibwys yw hynny bellach!)

Yn ystod blynyddoedd 1887 ac 1888, bu O. M. Edwards yn crwydro'r cyfandir, a chan ei fod yn fythol sylwgar ar bob trafael ac yn cadw nodiadau manwl o'r hyn a welai ac a glywai, pan ddôi adre'n ôl i Gymru byddai'n crynhoi hanes y teithio mewn llyfr. Felly y caed *O'r Bala i Geneva*, *Tro yn yr Eidal* a *Tro yn Llydaw*. Nid nad yw cynnwys y ddau arall yn ardderchog, ond barnaf fod *Tro yn yr Eidal* yn glasur o deithlyfr. Bydd ambell olygydd cylchgrawn yn mynd yn greision ulw am i adolygydd di-hid gymryd hanner blwyddyn a mwy cyn anfon ei sylwadaeth i'r swyddfa. Ofnaf y bydd yr adolygiad gennyf i yn awr ar *Tro yn yr Eidal* dros gan mlynedd ar ôl ei amser!

Cyn bwrw i'r dasg, dymunaf ddiolch i Dafydd Ifans am roi gwybod yn *Y Casglwr* i O. M. Edwards gyflwyno'r llyfr hwnnw'n rhodd i'w gyfaill, yr Aelod Seneddol Thomas Edward Ellis, ar achlysur ei briodas ag Annie Davies, Llangeitho, yn y

116

Tabernacl, Aberystwyth, ym Mai 1898. Gogoniant pellach yr hanes yw mai fersiwn yw'r llyfr hynod hwn yn llawysgrif O. M. Edwards ei hunan, wedi'i rwymo mewn hanner lliain du a chloriau lliw porffor. Pa ryfedd i T. E. Ellis ystyried y rhodd ymysg ei drysorau pennaf. Da yw deall fod y gyfrol unigryw hon ynghadw bellach yn y Llyfrgell Genedlaethol.

Yn y gyfres werthfawr *Bro a Bywyd*, golygwyd y gyfrol *Syr O. M. Edwards 1858-1920* yn feistraidd gan Hazel Davies. Ymysg y cannoedd darluniau sydd ynddi (nifer ohonyn nhw'n ffotograffau o waith O.M.) gwelir ffotograff o ddalen gynta'r fersiwn y sonia Dafydd Ifans amdano, a hynny, wrth gwrs, yn llawysgrif raenus O. M. Edwards. Gwelir hefyd ysfa'r arlunydd ynddo gyda darlun o aderyn yn hedfan ar frig y ddalen, a'r brif-lythyren agoriadol wedi'i haddurno. Dyry cip fel hyn ar waith ei law syniad am weddill y fersiwn nodedig hwn.

Yn y gyfrol *Tro yn yr Eidal* a feddaf i, sylwaf i'r awdur gyflwyno'r llyfr fel a ganlyn:

I'r Parch.
Benjamin Jowett,
Master of Balliol,
Doctor Cyfraith Prifysgol Leyden,
Prif Athraw Groeg Prifysgol Rhydychen,
Cyfaill calon i'r Cymry,
y cyflwynir
y cyntaf o 'Gyfres y Werin'

Er bod diwyg y llyfr destlus hwn yn dwyllodrus o debyg i ffurf *Cyfres y Fil* a *Llyfrau Ab Owen*, eto yn ôl y cyflwyniad y mae'n perthyn i fenter gyntaf un *Cyfres y Werin*.

Rhaid cydnabod fy mod yn teimlo'n arbennig o gynnes tuag at *Tro yn yr Eidal*, a hynny am i fintai fechan ohonom groesi'n unswydd i'r cyfandir er mwyn dilyn llwybrau O. M. Edwards gam wrth gam, a ffilmio'r holl daith gan ddotio mwy a mwy at odidowgrwydd yr Eidal, dysgu llawer iawn amdani yn sgil y crwydro, a dysgu mwy fyth am y teithiwr o Lanuwchllyn.

Nos Fawrth, y 15fed o Fai 1984, oedd hi pan adawsom Heathrow ar fwrdd awyren Alitalia DC9. Pan laniwyd ar faes awyr Twrin, roedd hi'n dywyll nos a glaw mân yn gwlitho arnom ni a'n paciau. Roedd O. M. Edwards wedi cychwyn gan mlynedd namyn tair o'n blaenau ni, ac ar drên yr anelai ef am ddinas Twrin, a hynny o Genefa 'ar fore eiraog yn Chwefror, cyn i'r wawr dorri . . .' Mae'n addef iddo freuddwydio droeon am gael golwg gyntaf gofiadwy ar wlad yr 'Italiaid' (chwedl yntau) '. . . a theimlo awel dyner ac arogl blodau'r Eidal. Ond mewn dull anogoneddus, drwy dwll yn y mynydd y ces fynd.' (Dalier ar enghraifft slei fel yna o hiwmor O.M.!)

Wrth groesi'r Alpau roedd hi'n nosi arno, roedd hi'n storm wyllt ac 'yn eithafol o oer'. Yna, mae'r cofnodi ganddo'n magu awyrgylch: 'O graig i graig, o dynel i dynel, dros geunentydd diwaelod, a thrwy goed castanwydd heirdd, llithrai'r trên tua'r dyffryn, a boddid ei sŵn gan sŵn y dymhestl.'

Pan gyrhaeddodd orsaf Twrin, roedd hi'n nos ar y teithiwr (fel yr oedd arnom ninnau) ond ar ben hynny roedd hi'n eira'n ogystal. Dewisodd gael ei dywys i westy'r Dogana Vecchia—yr Hen Dolldy—gan sôn amdano'i hunan yn cael ei gludo 'ar hyd palmant tolciog ystryd fechan Llys yr Apêl'. Ar fap Twrin, enw'r heol honno yw Via Corte D'Appello, ond fe'i cyfieithodd O.M. hi'n syth i'r Gymraeg. (Cawsom ninnau hyd i westy'r Dogana Vecchia, ac yn ôl disgrifiad yr awdur ohoni, nid yw wedi newid fawr ddim y tu mewn na'r tu allan. Wrth ddangos i'r perch-ennog enw'i westy mewn llyfr Cymraeg cant oed, mynnodd yr Eidalwr wybod ein hynt a chael cyfieithiad gennym o'r ddalen honno am Gymro o Lanuwchllyn a gysgodd yn un o'i lofftydd ganrif cyn hynny.)

Ond ymlaen â'r adolygiad, ac at ddawn sgrifennu ryfeddol O. M. Edwards. Disgrifia Americanwr 'â gwyneb fel pe buasai wedi ei wneyd o haiarn bwrw'. Yna Sais 'a'i lygaid glasdwr'. A Ffrancwr 'yn ysgwyd a moesymgrymu fel cornchwiglen'. Dywed fod y tlodion 'yn heidio at yr eglwysi ym mhob man yn yr Eidal fel adar at ffenestri'r trugarog yn y gaeaf'.

Yn oriel Uffizi, Fflorens, wedi'i gyfareddu gan baentiad Titian o 'Flora', mae ymgais O.M. i'w ddiffinio'n dra rhagorol: 'Gwyneb dynes, cadwen o flode o amgylch ei dwyfron, gwisg wen yn nofio,—nid prydferthwch angel, ond prydferthwch peth perffeithiach nag angel, prydferthwch gwraig ym mhurdeb a melusder ei natur.'

Mater sy'n cael ei drafod hyd heddiw yw hwnnw ynghylch treiglo enwau lleoedd a phobl dramor yn y Gymraeg. Pan glyw clust Cymro air, bydd ei dafod yn reddfol barod i dreiglo yn ôl y gofynion gan wneud felly'n gwbl ddiarwybod. Am enwau lleoedd a phersonau yng Nghymru, dalier i dreiglo yn ôl pob rheswm. Ond pan yw'r priod enwau'n rhai tramor, gall amwysedd beri dryswch i'r meddwl, ac yn arbennig felly i'r anghyfarwydd. Er bod 'ym Mlackpool' yn swnio'n iawn yn y Gymraeg, eto nid oes y fath le â 'Mlackpool' i'w gael! Ac yn y fan yna'n rhywle y cwyd problem astrus ei phen.

Yn ei gyfrol *O'r Bala i Geneva* (t. 30), cyfeiria O. M. Edwards at 'un o Ganada, a'r llall o Fuffalo'. Gellir goddef yn weddol dreiglo 'Canada', ond y mae 'o Fuffalo' yn taro'n bur ddoniol am ryw reswm! Yn awr, roedd y llenor o Lanuwchllyn yn ysgrifennu yn berffaith gywir—mater arall yw orgraff ei gyfnod—ond yr oedd ei dreigladau oll yn berffaith ufudd i reolau'r Gymraeg. Eto, mewn gwlad fel yr Eidal, onid yw'r darllenwr yn gwybod am ei geiriau hi ymlaen llaw, gall y dryswch rhyfeddaf ddeillio o'r stori. Er enghraifft, pwy yw Aribaldi, Thitian ac Alileo? Ple mae Mologna a Bistoia? Ai *ondola* yw enw'r cwch enwog yn Fenis? Rydym yn digwydd gwybod yn amgenach, ac mai ffurf gysefin y geiriau uchod yw Garibaldi, Titian, Galileo, Bologna, Pistoia, a *gondola*. Ond beth pe na baem yn gwybod cymaint â hynny? Y pwynt yw fod O. M. Edwards yn treiglo'r 'tramoriaid' hyn yn gywir bob gafael, ond gall hynny fod yn bur gamarweiniol ar glust a llygaid anghynefin. Pwnc bach digon pryfoclyd!

Diddorol hefyd yw nodi hoffter O.M. o'r gair 'bod'—am *human being*, fel petai. Wrth ymyl gorsaf Pisa, dywed: '. . . gwelwn dri math o fodau'n disgwyl amdanaf, ac am fy nhebyg'. Wrth Borth San Miniato: 'Yma eisteddai bod mawr budr fel

119

llyffant du'r dennog . . .' Gerllaw San Marco: '. . . doi bod carpiog a gwallt fel baich drain ar ei ben'.

*   *   *

Yn ystod y teithio cynnar hwn yn ei hanes, ni fynnodd O. M. Edwards am un funud anghofio'i fagwraeth Brotestannaidd ac Ymneilltuol. Daw'r agwedd honno i'r amlwg fel yr oedd yn gadael Chambery yn Savoy: 'Yr oedd dwy res o wynebau astud yn y cerbyd yn gwrando, a dwy res arall uwch eu pennau yn edrych dros y cefngor, gwyneb tew eilliedig yr offeiriad yn eu mysg. Byw'n gynnil, canu alawon, a chredu crefydd eu tadau yw eu prif nodweddion.'

Yn Eglwys Ioan Fedyddiwr, Twrin, daw'r rhagfarn eto i'r wyneb: '. . . gwasanaeth yr offeren . . . a'r bobl yn deall dim, ac yn credu pob peth.' Eto, yng Nghapel yr Amdo: 'Ar yr allor y mae'r llian a fu am gorff ein Harglwydd, ac yr oedd mynach tew o'i flaen yn diwyd ruddfan.' (Sylwer fel y mae'n dewis ansoddeiriau gydag awch ddiraddiol a dilornus ynddyn nhw wrth ddisgrifio'r offeiriad Pabyddol.)

Yn Genoa, gwelodd y San Gral (fel y geilw ef hi), a dyma'i farn am y Greal Santaidd: 'Nid ydyw ond darn o wydr gwyrdd, ac nid yw ei hanes ond breuddwyd disail rhyw fynach ofergoelus.' Craffer ar y disgrifiad canlynol o'r mynach Ffransiscaidd yn Fiesole: 'Gwyneb mawr anifeilaidd oedd ganddo, a bonion barf fel eithin llosgedig. Yr oedd croen ei draed yn galed fel troed aderyn. Os oedd hwn wedi myfyrio, nid oedd effaith ei fyfyrdod wedi cyrraedd croen ei wyneb eto.'

Fel gŵr diwylliedig a hanesydd abl, roedd rhagfarn grefyddol O. M. Edwards yn bur anrasol. Wrth i longwyr Fenis gipio esgyrn Sant Marc o eglwys yn yr Aifft a chysegru'r rheini yng nghadeirlan fawr y ddinas, meddai O.M.: 'Taflwyd pob mân seintiau i'r cysgod a dylifai torfeydd o bob man i weled y bedd sanctaidd, er mawr gryfhad i'w ffydd, ac er mawr les i siopwyr Venice.' Yna, cafodd afael ar y stori 'fod rhyw ddoge, pan mewn mawr eisiau pres, wedi gwerthu Marc bob yn ddarn, liw nos, i'r uchaf ei geiniog'.

Er ei fod yn ddigymrodedd wrth drafod y Babaeth, eto y mae elfen achubol o hiwmor yn ffrydio trwy ei osodiadau sy'n dofi peth ar ei ddychan; fe'i ceir weithiau'n fwrlwm ar yr wyneb, dro arall yn gynnwrf o'r golwg yn y dwfn. Wrth sgrifennu'n alluog am a welai ac a glywai, roedd ganddo ddawn i roi tro cynnil yng nghynffon sawl sylw, fel y cyfeiriad uchod at grefydd yn denu'r bobl 'er mawr gryfhad i'w ffydd, ac er mawr les i siopwyr Venice'!

Am ddinas Genoa, mae'n traethu fel hyn: 'Treuliodd ei babandod dan nawdd ei hesgobion, hwy a'i dysgodd i weddïo ar y saint, ac i ymladd â'r Saraseniaid; hwy ddysgodd y ffordd i'w phobl i'r nefoedd ac i'r môr.' Dyna danio ergyd o'r ddau faril yn y fan yna! (Mewn llyfrau diweddarach ganddo wrth sôn am y Babaeth, mae lle i dybio'i fod wedi llarieiddio beth.)

*   *   *

Eto fyth yn Genoa, wedi dychwelyd i'w westy, mae'n disgrifio'r cwmni oedd o'i gwmpas: '. . . ysgolhaig Almaenaidd melynwallt—glas ei lygaid, budr ei glustiau; cantwr o Italiad, ei wallt du yn disgyn dros ei ysgwyddau, a'i hunanoldeb yn llenwi pob man; Gwyddel ffraeth; Sais bach tyn; a phump o foneddigesau swynol yn chwilio am iechyd a gwŷr.' (Onid yw 'a gwŷr' yn rhoi cic annisgwyl ar ddiwedd y frawddeg?)

Ceir yr un patrwm ganddo, pan yw'n disgrifio'i arwr, Galileo, yn ninas Pisa: 'Dysgodd fwy ar ben y Tŵr Gogwydd, heb neb gydag ef ond ei linyn, nag wrth wrando ar athrawon y Brifysgol yn darlithio pethau yr oedd canrifoedd wedi bod yn eu credu, rhai ohonynt yn anghywir, a'r cwbl yn ddiwerth.'

Pan oedd y teithiwr rhwng Genoa a Pisa, gwelodd gribau gwynion yn y pellter ac adnabu hwy fel cloddfeydd marmor Carrara. Ond am ei fod yn y trên, ni allai fynd draw yno. Am ein bod ni mewn oes y gellid llogi cerbyd hwylus, medrem droi yn hawdd tua'r mynyddoedd hynny. (Hwn, gyda llaw, oedd un o'r ychydig droeon inni wyro oddi ar lwybr taith O. M. Edwards.)

Roedd hi'n glawio'n ddwys, a chyn pen tipyn roeddem yn uchel iawn ar lethrau chwarel Cave di Marmo. Rhwng unigedd y lle, y dibyn erchyll odanom, a'r gwyndra annaearol, roedd yna rywbeth brawychus yn y profiad gydag ymadrodd fel 'glyn cysgod angau' yn hofran y tu ôl i'r meddwl. Ond gorfoledd y cyfan oedd ein bod ni â'n traed ar greigiau Carrara. Oherwydd, i'r union chwareli hyn y byddai Michelangelo'n dod i ddewis ei ddarnau marmor, a hynny bum can mlynedd o'n blaenau ni. Ac yr oedd troedio lle bu'r cerflunydd aruthr hwnnw'n troedio yn werth rhyfygu peth hyd ochrau llithrig Carrara.

Yn ôl yn y gyfrol *Tro yn yr Eidal*, down o hyd i O. M. Edwards yn cerdded trwy'r Piazza dei Miracoli yn ninas Pisa tua'r Capel Bedydd rhyfeddol hwnnw lle mae nenfwd crwn yr adeilad yn derbyn lleisiau o'r llawr gan eu troelli'n donfeddi o gordiau cwbl ryfeddol. Gan mlynedd yn ôl, roedd y gwarchotwr yno'n fodlon dangos yr effaith leisiol i Owen Edwards trwy ganu pleth o nodau iddo—a chael cil-dwrn am ei drafferth, bid siŵr. (Cawsom ninnau yr un math o brofiad yn union wrth ddilyn O.M.) Dyma'i argraff ef, ac ef hefyd piau'r dyfynodau: 'Y mae adlais o'r tu mewn, ac yr oedd llais melodaidd yr Italiad yn melysu bob tro yr adleisid ef. Wedi "talu am yr eco", troais i'r Campo Santo, lle'r oedd dyn dall arall, a bendith, a blwch.' (Tra mae 'talu am yr eco' yn gyfrwys-ddigri, mae gosod y gair 'blwch' yn fwriadus ar ôl y gair 'bendith' yn gyfrwys-*ddeifiol*!)

Teithiwr sylwgar a diwylliedig oedd mab Coed-y-pry, yn britho'i lyfr taith â sylwadau preiffion, llawer ohonyn nhw'n epigramatig fel y frawddeg hon, er enghraifft: 'Nid ydyw unigrwydd adfeilion yn ddim wrth unigrwydd palasau Genoa.' (Roedd yn llygad ei le. Erbyn i ni ei ddilyn, roedd nifer o'r adeiladau enfawr hynny wedi'u troi yn swyddfeydd gwein-yddol yn y ddinas.)

Wrth drafod arweinwyr amlwg y mudiad a unodd yr Eidal yn 1860, dyma'i ddyfarniad: 'Dynion mawr yr Eidal oedd

Garibaldi a Chavour a Victor Emanuel; y mae Mazzini'n un o ddynion mawr y byd.' (Dylid cofio bod y gwŷr hyn yn fyw yn ystod ieuenctid O. M. Edwards, a bod y cyffro cenedlaethol yn boeth trwy'r Eidal yng nghyfnod ei ymweliad â'r wlad.)

Wrth ganmol dawn y cerflunwyr i greu harddwch allan o garreg gelain, gwelodd ef y posibilrwydd arall yn ogystal: '. . . y mae modd gwneud i farmor ddelwi creulondeb yn gystal â phrydferthwch.' Sylwer wedyn ar ei resymeg ar gerdded wrth astudio dinas Fflorens: 'Gwaith Cimabue oedd troi myfyrdod yn waith; gwaith Giotto oedd cysoni bywyd â myfyrdod y fynachlog. Gwaith yn unig oedd yn y gogledd, myfyrdod yn unig oedd yn y de; yn Fflorens y cyfunwyd y ddau, ac o'r cyfuniad cyfododd y symudiad rhyfedd a elwir yn Renaissance, Atgyfodiad Dysg, y deffroad a roddodd gychwyn i'r Diwygiad Protestanaidd.'

Mae'n werth astudio ffurf y gosodiad nesaf lle mae'n cloriannu'r mynach enwog a losgwyd gan awdurdodau Fflorens yn 1498: 'Cyn i'r Diwygiad Protestanaidd wawrio daeth hiraeth dros Fflorens am ei rhyddid a'i moesoldeb; nid oedd wedi ei llwyr anghofio. Llais yr hiraeth oedd Savonarola.' A beth yw'r ddedfryd ganddo am y Pab Alecsander y Chweched? 'Nid oedd neb â meddwl mor lygredig, nid oedd neb wedi ymwerthu cymaint er arian, nid oedd neb yn gwybod llai am ofn Duw na phrif esgob Cristionogol y byd.' Ysol!

Er y gallai gynnwys asid yn yr inc bob hyn a hyn, eto i gyd nid oedd ei hiwmor fyth ymhell. Daw elfen o'r direidus yn ei bendantrwydd, fel yn y cyfarwyddyd canlynol i'r rhai sy'n ymweld â gwledydd tramor; cofier mai O. M. ei hunan piau'r italeiddio: 'Rhoddaf yma gyngor i deithwyr,—os *rhaid* cael cyfaill, boed yn un tenau, ysgafn, hirgoes, amyneddgar, na waeth ganddo pa beth i'w fwyta, un heb gnawd ac heb ewyllys.'

Mae'r doethinebu sydd yn y paragraff nesaf yn un y talai i'r twrist modern ddal arno: 'Mor fuan y blinir ar weled rhyfeddodau a thlysni,—pyla'r meddwl a gwanha'r cof, â'r mwynhad yn llai a derfydd effaith y golygfeydd gyda'u bod o'r

golwg. Peth anifyr ddigon yw bod yng nghanol darluniau byd-
enwog, yn rhy lluddedig i edrych arnynt.' Gwir bob sill!

Sylw gogleisiol yw hwnnw ganddo am yr Americanwyr yn
mynnu bod gwres yn y gwesty: 'Cwestiwn cyntaf Sais wrth
groesi rhiniog ydyw, "Ffasiwn ginio sydd gennych?" Cwestiwn
cyntaf Americanwr ydyw, "A oes gennych stof?"' Trawo'r
hoelen ar ei phen eto fyth! (Cofiaf fod yng ngwlad Groeg, a
hithau'n wres arteithiol. Fel Cymry o gefn gwlad, rhyw
dderbyn ein gwesty'n ddigwyno a wnaem ni. Ond am ddau
Americanwr ar ein pwys, buont hwy'n mynnu mewn lleisiau
uchel cael ystafell *air-conditioned*. Rhy oer yn y gaeaf, rhy
boeth yn yr haf . . . ac O. M. Edwards wedi'u dadansoddi'n
gywir gan mlynedd yn ôl!)

Wrth nodi un gwahaniaeth rhwng Cymru a'r Eidal, pwy ond
O. M. Edwards a godai fater mor annisgwyl â hwn i'r gwynt?
'Yng Nghymru, y mae'r ffyrdd, eiddo'r cyhoedd, yn gulion a
thruenus; a'r troliau, eiddo personol, yn gedyrn ac o
wneuthuriad da. Ond yn yr Eidal, y mae'r ffyrdd yn
ardderchog o syth a llydain, tra mae'r troliau'n gregin iawn.
Trol gadarn wedi suddo yn y llaid a welir yng Nghymru; trol
wedi mynd yn dipiau ar ffordd deg a welir yn yr Eidal.' (t. 172)
Er bod y pwnc yn un od o wreiddiol, diddorol at hynny yw'r
dweud am droliau eu bod yn 'gregin' iawn; gair Penllyn, mae'n
rhaid.

Mae'r deunydd trymaf, sef hanes yr Eidal fel gwlad, wedi'i
wasgu'n dynn fel capsiwl i'r teithlyfr. Gweithia'r awdur ar yr
hanes, ôl a gwrthol, gan dylino'r defnydd yn feistraidd, a'r
cyfan yn dod allan o ffwrn ei feddwl yn dorthau cryno nes ei
bod yn amhosibl treulio *Tro yn yr Eidal* heb flasu cynnwrf y
canrifoedd gyda champ a rhemp y gwahanol garfanau—
Cristionogion, Mahometaniaid, barbariaid, pabau, myneich,
tywysogion, goludog a thlawd, y dialgar a'r trugarog, ac fel
cefndir cyson i'r cyfan oll y mae'r crefftwyr mewn meini a
metel a chynfas.

Ychydig, os dim, sydd yma o gyfeirio at gerddorion. Pan
oedd yn ymweld â Fenis, sut na fuasai wedi sôn gair am

124

Vivaldi, y cerddor-offeiriad a fu'n cadw cartref i blant amddifaid ar fin y gamlas ar gyrion San Marco? Ni sonia chwaith am y pencerdd Monteverdi, sydd â'i fedd yn eglwys odidog y Frari. (Fe all mai'r ateb yw ein bod ni'n byw yn oes y record a'r radio, y casét a'r fideo.)

Daw'r cewri i gyd atom yn eu tro—Mazzini, Cavour, Garibaldi, Columbus, Galileo, Petrarca a Dante. Fe'n dysg am effeithiau Rhufain, pleidiau'r Gwelffiaid a'r Gibeliniaid, teulu'r Medici yn Fflorens, gyda pharagraffau'n bleth-ymhleth am Giotto, Leonardo da Vinci, Michelangelo, Titian, ynghyd â rheng anhygoel o fawrion pob rhyw gyfnod. Cyfeiria at Alfieri, Machiavelli, teulu'r Borgia yn eu cyswllt â Ferrara, a'r Doge yn Fenis a gollodd ei awdurdod i'r cynulliad tywyll hwnnw, Cyngor y Deg. Nid yw hyn ond nifer bychan o'r bachau sy'n dal pennod ar ôl pennod gan ŵr galluog wrthi'n portreadu'i siwrnai.

Yng nghwrs y gyfrol hon, mae O. M. Edwards yn mynegi cred dra phendant sydd ganddo ynglŷn â ffyniant celfyddyd yn hanes cenedl, yn enwedig pan yw cyflwr y genedl honno'n druan ac adfydus. Er imi gael ei osodiad yn un pur annisgwyl, yr hyn sy'n bwysig yw bod yr awdur yn dal ato bob gafael, a gwneud hynny o leiaf ar dri achlysur. Er mwyn pwysleisio'i honiad, rwy'n italeiddio hynny isod: Ar dudalen 109, wrth drafod cyfnod y Medici yn Fflorens, 'Er gwaethaf pregethau Savonarola a ffyddlondeb Soderini, er gwaethaf athrylith Michael Angelo a dewrder Feruccio, daeth y Medici'n ôl, a'u cadwynau gyda hwynt. *Ond, tra'r oedd Rhyddid yn marw, yr oedd pob dysg a chelf yn blodeuo'n deg.*'

Ar dudalen 152, wrth drafod ymosodiadau brenin Ffrainc ar yr Eidal yn niwedd y 15fed ganrif: 'Y mae tri pheth yn mynd gyda'u gilydd yn hanes cenedl—colli rhyddid, colli moesoldeb, a'r celfau cain. *Creded a gredo, dan lywodraeth orthrymus, a phan fo moesoldeb gwlad yn dechre dadfeilio, y blodeua'r celfau cain.* Yng ngwledydd mynyddig Rhyddid, fel gwlad y Swisiaid a Chymru, anaml y megir mynorydd a darlunydd.'

Ar dudalen 236, wrth drafod brad Milan, a Francesco Sforza

yn gwarchae ar y ddinas: 'Pan oedd y bobl yn newynu agorwyd y pyrth; ac ar fore yn Chwefror, 1480, daeth milwyr Sforza i mewn, a thorthau ar eu picellau. Yn ystod can mlynedd teyrnasiad ei dylwyth ef, dechreuodd Milan wywo mewn ysbryd a nerth. *Fel yr eiddew ar furddyn, dechreuodd y celfau cain flodeuo ynddi.'*

Yn awr, roedd awdur fel O.M. yn hanesydd rhy abl ac yn feddyliwr rhy effro i fwrw haeriadau ar ei gyfer, ac nid ar chwarae bach y dylid croesi cleddyfau ag ef. Ond ar yr olwg gyntaf, ac er fy ngwaethaf, tueddu i amau'r haeriad oeddwn i. Canys fel rheol, pan yw gorthrwm yn gwasgu ar genedl, ei rhyddid yn darfod a'i moesoldeb yn pallu, onid dyna gyfle'r fandal i chwalu a chipio popeth a fu gynt yn chwaethus a dyrchafol?

Na, meddai'r teithiwr o Goed-y-pry, yn hollol i'r gwrthwyneb y digwydd pethau, am mai'r cyfnod diffaith hwnnw yw'r union adeg y bydd 'y celfau cain yn dechre blodeuo'. O gael yr awdur yn mynnu'n ddiollwng felly, a hynny ar dri achlysur gwahanol yn ei benodau, yna mae'n rhaid ei fod yn credu'r ddamcaniaeth yn bur angerddol. A'r tebygrwydd yw bod ei ymresymiad mor eglur â'r goleuni pe na bawn ond yn medru gweld hynny.

Mae'n drueni na byddai O. M. Edwards ar gael heddiw i'n goleuo ar fater mor gyffrous. Mae'n drueni na byddai'r athrylith o Goed-y-pry ar gael am lawer rheswm arall o ran hynny. Byddai 'gwerin' Cymru'n llawer elwach o'i gwmni.

PANTYCELYN

Coed eto fyth! Deri, ynn, ffawydd, gwern a helyg yn batrymau dros fryn a phant—yn Sir Gaerfyrddin y tro hwn.

Roeddem wedi gadael y ffordd fawr rhwng Llanwrda a Llanymddyfri am ffyrdd bychain troellog ardal Pentre Tŷ-gwyn. Gyrru gan bwyll i lawr gallt serth, dringo gwar y rhiw nesaf ac aros wrth lidiart terfyn ar fin y ffordd. Wrth agor hwnnw, gweld lôn yn arwain at dir fferm, a sylwi bod nifer o goed celyn yn tyfu ar gloddiau'r gulffordd. Cyn pen dim, roedd y lôn fach wedi magu goriwaered chwyrn ac yna'n sydyn mewn pantle gyda llethrau'n geyrydd uchel o'r tu ôl, daeth amaethdy helaeth i'r golwg. Yn gwbl driw i'w enw, hwn oedd ffermdy enwog Pantycelyn.

Doedd yno neb gartref. Ar wahân i Williams, am a wn i.

Fel pwt o bregethwr wedi gwirioni ers blynyddoedd ar athrylith y Pêr Ganiedydd, roedd cyrraedd i'r union fangre y bu ef yn byw a bod ynddi yn brofiad penfeddwol braidd. Gyda'r dychymyg eisoes wedi'i hogi'n addolgar, gallwn yn hawdd amgyffred llygaid Williams yn 'edrych dros y bryniau pell', a'i glust ar noson arw'n clywed y 'gwyntoedd cryf dychrynllyd'. Wrth sylwi ar y berllan islaw a'r calch yn wyn ar fonion y coed, gellid dychmygu amdano'n codi o'i lofft 'ar fore glas y wawr' a'i ffroen fain yn sawru 'peraroglau'r gwledydd draw'.

Roedd y lle yn llawn o argraffiadau, yn cyffroi dyn fesul eiliad, 'a minnau yn eu canol heb allu dwedyd dim'. A mwy eto i ddod. Wrth gamu'n chwilfrydig o amgylch y Pantycelyn daearol hwn, dyma gyrraedd o lech i lwyn at gefn y tŷ. Ac yno gwelwn ffynnon 'ddisglair fel y grisial clir', ffynnon y bu Williams a Mali, bid siŵr, yn codi pisereidiau allan ohoni sawl gwaith mewn diwrnod. Syllais am hir ar y dŵr croyw loyw, a thybio clywed ei lais yn yr awel ysgafn: 'Iesu, Ti yw ffynnon bywyd . . .'

Digwydd bod ar daith bregethu yr oeddwn, ac eisoes wedi

cadw oedfaon ym Maesteg, gyda chyrddau wedyn i ddilyn yn Ystradgynlais. Yng nghysgod yr ymweliad hwnnw â'r de, rhan bellach o'r fendith oedd cael treulio'r nosau ar aelwyd Jennie ac Eirian. Am nad oedd oedfa gennyf ar y bore Mercher hwnnw o Fai, aeth Eirian, yn garedig iawn, â mi dros y Mynydd Du o Frynaman i lawr trwy Langadog, a chyn pen llawer wedyn dyma gyrraedd cartref William Williams ym Mhantycelyn. Gyda diolch bythol i'm cyfaill, ac er bod deugain mlynedd wedi pasio bellach, mae'r argraff yn para'r un mor fywiol heddiw.

Rhyfedd ac amrywiol yw'r dulliau sydd gennym o drysori argraffiadau mawr bywyd. Sawl mam sydd wedi cadw cyrlen o wallt ei phlentyn? A beth am yr albwm hwnnw lle mae enw arwr neu arwres wedi'i lofnodi? Gallwn innau fynd trwy bentwr o bapurau, ac ar siawns dynnu allan lythyr gan Tegla neu gerdyn gan Tommy Farr!

Yn y pethau hyn, mae'n rhaid bod rhyw falchder dyrys o fwydo'r cyswllt yn digwydd, fel y porthir anifail anwes gydag anwyldeb; balchder o fod wedi bod ryw dro mewn perthynas â rhywun neu â rhywbeth. Neu â rhywle. Wrth grwydro'r cyfandir, ni allwn faddau i fochyn-coed (*pine cone*) ar lawr gwinllan. Câi hwnnw'i godi a'i bocedu'n ddiogel, ac ymhen misoedd wedyn ar ôl iddo sychu gartref ac ildio'i hadau, byddwn yn eu plannu'n ofalus gan warchod eu twf o ddydd i ddydd. Erbyn heddiw, mae'r rheini'n goed uchel, cryfion yn y llain o flaen y tŷ, a cheir profiad unigryw gynnes wrth sylweddoli o'r newydd bob hyn a hyn mai o Bwlgaria y daeth y goeden hon, a'r un ar ei phwys o'r Swistir, honyma o Dwrci a honacw o wlad Groeg.

Daeth yr un math o ysfa drosof yn yr Academia yn Fflorens lle saif y 'Dafydd' cawraidd a gerfiodd Michelangelo ganrifoedd yn ôl. Yn yr un amgueddfa hefyd y gwelir talpiau eraill o farmor, gweithiau yr oedd y cerflunydd wedi gorfod eu gadael ar eu hanner. Wrth graffu ar un marmor lle'r oedd ôl ei erfyn ar ganol naddu, ni fedrais ymatal rhag rhedeg bysedd dros graith y cŷn, a thrwy hynny gyffwrdd â darn o gerflun lle bu llaw y meistr ei hunan yn chwysu. Ar yr eiliad gyfareddol honno, daeth bloedd a'm sobrodd o'r tu cefn imi, '*Non toccare!*' (Dim cyffwrdd!) Er imi ymddiheuro'n ddigon gweddaidd, ac onest hefyd, hyd y gwn, eto roeddwn wedi cipio'r profiad o gael cyffwrdd yn bersonol ag ôl llaw Michelangelo fawr.

Gwefr o'r un un ansawdd oedd honno ar ben y mynydd tanllyd sy'n dal i fudlosgi ar gyrion dinas Napoli. Ac wedi dod adre'n ôl i Eifionydd, ceir iasau o gyffro o hyd wrth fodio clincar cras y lafa a godwyd ar ben Vesuvius un pnawn trymaidd o Awst.

Ar y bore bendigaid hwnnw o Fai, a minnau yng nghefn tŷ Pantycelyn wrthi'n pensynnu ar bwys y ffynnon, dyma gyrcydu'n isel, gostwng dwy law wedi'u cwpanu i'r dŵr a drachtio'n helaeth ohono:

> Mi yfaf ddŵr y ffynnon glir
> O dan y fainc sy'n dod;
> Ac y mae rhinwedd ynddo'n llawn
> A adfer nerth i'm troed.

Beth yw'r cyrsiau cymhleth hyn sy'n gafael ynom o bryd i'w gilydd? Ai paganiaeth, eiconiaeth, sentiment, emosiwn, rhamant, ynteu beth? Ni wn yr ateb, namyn fy mod wedi ildio iddyn nhw lawer gwaith, a hynny'n ddiedifar ddigon. Felly hefyd wrth ffynnon Pantycelyn yr amenais emyn y digymar Williams:

> Mi deithia'n ddifyr yn y blaen
> Dros greigiau serth i'r lan . . .

        *   *   *

Fel gŵr yr emyn y cofir am y Pêr Ganiedydd. Ac yn y maes hwnnw, roedd yn hollol ar ei ben ei hunan, 'fel lloer ddigartref rhwng lluosowgrwydd sêr' chwedl Williams Parry. Gellir cipio trwy lyfr ar ôl llyfr o'i emynau, a chael yn ei awen ryfeddodau synfawr, a hynny'n feunyddiol. Heddiw, daw rhyw un gair, un ansoddair neu un syniad allan o'i loches. Nas gwelwyd ddoe!

Yfory daw ychwaneg eto. Ac felly y bydd drennydd, a thradwy hefyd. Ystyrier y darlun hwn allan o'r *Aleluia* sy'n union fel pensel arlunydd yn braslunio llanastr storm:

Chwi dymhestloedd sydd yn dangos
Eitha' gwaelod moroedd mawr;
Briwio llongau'n erbyn creigydd,
Taflu derwydd serth i lawr . . .'

Neu'r cwpled hwnnw allan o'r *Môr o Wydr*; y ddelwedd ganddo ydyw'r hoelion yn gwanu cledrau'r Crist ar y Pren. Cyn inni ddechrau setlo yn rhigol defosiwn a gresynu at y fath farbareiddiwch, yn drywanol o sydyn dyry Williams gais ar i'r Crist ei hunan ddechrau hoelio. Eithr nid hoelio cnawd y tro hwn, ond o bopeth, hoelio eneidiau. Heb unrhyw rybudd y mae wedi troi'r sefyllfa y tu chwithig allan a'i thraed i fyny. Mae'r syniad mor syfrdanol o annisgwyl nes sobri dychymyg:

O! hoelia'm meddwl ddydd a nos,
Crwydredig, wrth dy ddwyfol groes . . .

O ran hynny, nid yw'r cwpled dilynol un mymryn llai cyffrous pan newidia'r ddelwedd eto fyth:

A phlanna f'ysbryd yn y tir
Sy'n llifo o lawenydd pur.

Hoelio meddwl! *Plannu* ysbryd! Mae'n rhaid craff-wylio'r emynydd hwn fesul sill am fod yn ei awen athrylith jiwdo. Ni wn ychwaith am neb o'r blaen a feddyliodd am chwarae mor fedrus â'r ddwy ferf *rhifo* a *cyfri* (eto o'r *Môr o Wydr*):

Mae fy nyddiau'n hir i'w rhifo,
Ac nid ŷnt i'w cyfri ddim.

Allan o'r un un llyfr, dyna'r pendroni ofnadwy chwilotgar a

geir yn y ddwy linell sy'n agor yr emyn, ac yna ar riniog y drydedd linell, mae'n echelu gan bwyll araf gyda'r pwysau i gyd ar y gair 'eto'. Mae'r effaith yn debyg i arfod telesgop Jodrell Bank yn graddol godi'r trywydd o'r ddaear isod tua dirgelion y sêr:

> Llwch wyf fi, o'r llwch y deuthum,
>   Pryf yw 'mrawd, y ddaer yw mam;
> Eto, rwyf i'n mofyn teyrnas
>   Ddisigledig, bur, ddinam;
>   Pryf y ddaear—
> A ddaw hwnnw i mewn i'r nef?

Sylwer fel y mae wedi gwthio holl eiddilwch y 'pryf', druan, i'r gair 'hwnnw', na ellir gwneud ond un o ddau beth yn ei gylch—ei ddilorni neu'i ddyrchafu.

Ymhellach, yn *Ffarwel Weledig*, gyda'r tri phennill cyfriniol hynny, byddaf yn tybio ar brydiau mai dyma'r emyn mwyaf a sgrifennodd Williams erioed. Y mae'n rhy aruthr i'w drafod yma, a theimlaf mai peth i seiadu ac nid i sgrifennu yn ei gylch yw'r penillion hynny. Ni wnaf ond nodi'r agoriad lle mae'r bardd yn symud o'r naill ddimensiwn i'r llall cyn ymgolli yn y Purlan Anhygoel:

> O! uchder heb ei faint!
>   O! ddyfnder heb ddim rhi!
> O! hyd a lled heb fath
>   Yw'n hiachawdwriaeth ni . . .

Os canodd yn ei dro am dymhestloedd, am y gwyntoedd cryf dychrynllyd, am fellt a chenllysg a daeargryn, fe wybu hefyd garedicach tro yn y tywydd, ac wele drosiad heulog ar loyw li:

> Mae fy hwyliau heddiw'n chwarae
>   'N llawen yn yr awel bur . . .

131

A chyn gadael *Ffarwel Weledig*, beth am brydferthwch a nerth y dyfalu hwn?

Pe diffoddai'r heulwen ddisglair
Yn yr awyr denau las,
A phe treuliai'r sêr y fflamau
Ynddynt sydd o dân i ma's . . .

Os trown i'w gasgliad *Gloria in Excelsis*, fe welir bod Williams erbyn hynny'n ei lawn nerth, a'i athrylith yn rhyferthwyol. Amheuaf a allai unrhyw alcoholig ym mhair *delirium tremens* bortreadu'n amgenach na hyn:

Anghrediniaeth sy' am fy llarpio
Megis llew rhuadwy cry';
Seirff, gwiberod glas, gwenwynig
Yw fy nwydau, aml ri . . .

Bygythion yn cordeddu ar ffiniau gwallgofrwydd. Ac eto, yn yr un un casgliad, ceir ymdawelu sydd mor araf esmwyth â hyn:

Trodd fy nghariadau oll i gyd
Nawr yn anffyddlon im;
Ond yr wyf innau'n hyfryd glaf
O gariad mwy ei rym . . .

Fel yna y cerdda Pantycelyn rhagddo, gyda'i awen yn amrywiol iawn, iawn ei thymherau ac anhygoel ei lliwiau. Ond yna, bob hyn a hyn, y mae'r meistr yn cael y caff gwag rhyfeddaf, a'r pryd hynny ceir pethau lleicion a gresynus, fel hon yn un enghraifft:

Ond pan y landiom yno i'r lan . . .

Dro arall, mae'n cymysgu ffigurau'n ddireol fel a ddigwydd wrth agor yr emyn hwn, gyda darlun digon teg o bererin yn y diffeithdir:

Mewn anialwch 'rwyf yn trigo,
Alltud unig wrthyf f'hun . . .

Ond yn ei ail bennill, mae'n bwrw'n syth fel a ganlyn:

Mi wnes ryw longddrylliad creulon
Pan y collais olau'r dydd . . .

Llongddrylliad mewn anialwch!
Wedyn, mor hyfryd mewn emyn arall yw naws y llinell,

Pan fo glaswellt gwyrdd y ddaear . . .

Iawn. Nes i'r syniad ddechrau pryfocio bod rhywbeth yn od mewn gwellt glas *gwyrdd*!
Yna, yn *Theomemphus*, un allan o gryn nifer yw'r trychiad anhrugarog hwn:

Os hoeliwyd fi ar groesbren tros feiau mwyaf The,
A phoeni 'omemphus eto, ffarwel cyfreithiau'r ne'.

Ar ryw awr hwyrol yng nghegin Pantycelyn, mae'n ddiamau fod yr awen wedi fferru'n gegoer pan sgrifennodd bennill o'r math yma:

A Duw ei hun aeth heibio, aeth heibio'n awr o'i flaen,
Mil mwy gogoneddusach nag welodd ef o'r blaen;
Jeho', Jeho', Jehofah, yw f'enw ebe efe,
Trugarog Dduw a graslawn o eitha'r ddaer i'r ne'.

Sut, yng nghhynnyrch yr un un bardd, y mae'n bosibl esbonio'r fath bendilio eithafol rhwng camp a rhemp? Mae'n debyg bod yr ateb yn fforchi'n ddau. Yn gyntaf, nad gŵr oedd Pantycelyn yn traethu ar fater er mwyn llenydda, eithr yn hollol fel arall—mai gŵr ydoedd a ddewisodd lenydda er mwyn traethu ar fater. Onid yw'n dweud hynny drosodd a throsodd wrth ragymadroddi yn ei weithiau? Yn ei lyfr *Cyfarwyddwr Priodas*, dyma frawddeg gyntaf ei Ragymadrodd:

Yr achos a gefais i gyfansoddi y Dialogue hwn ydoedd golwg ar lygredigaeth yr oes bresennol ym mherthynas i garwriaeth a phriodas proffeswyr crefydd.

O ganol ei Ragymadrodd i *Crocodil Afon yr Aifft*, â rhagddo:

Ond gwybydded y Darllenydd bod hyn o lyfr wedi ei ysgrifennu yn bennaf at yr amrywiol enwau o ddynion yng Nghymru ag sydd yn proffesu Duwioldeb, y rhai trwy eu balchder, hunan-dyb, a'u cenfigen sy' wedi gwneud cymaint anrhaith mewn Crefydd ag a wnaeth Nebuchadonosor ar Jerusalem . . .

Nid ei ddiben gan hynny oedd llenydda fel y cyfryw. Damwain hapus, neu Ragluniaeth garedig oedd bod Williams yn digwydd bod yn ei medru hi. Yn nwylo un llai, gallasai angerdd fel ei angerdd ef fod wedi creu y cawl llenyddol mwyaf erchyll, a byddai'r holl stwff erbyn heddiw wedi'i adael i bydru'n llwch gyda'r silffoedd coed.

Yn awr, nid peth dibwys o gwbl gan Williams oedd diwyg ei lên, ond os dôi'n fater o ddewis rhwng gwres ei genhadaeth a diwyg ei lên, ar adegau o'r fath peth eilradd ganddo ydoedd graen ar arddull, ac felly y gadewai i bethau fod heb ddim trugaredd.

Yn ail, os oes cyfiawnhau ar ei ddarnau rhempus, yna dylid cofio aruthredd swm ei gynhyrchion. Nid un llyfr na dau a ddigwyddodd, ond tywalltiadau diball o gyfansoddi, flwyddyn ar ôl blwyddyn holl ddyddiau'i oes. Y mae'r llosgi ar gorff, y draul ar feddwl, y tynnu ar emosiwn gyda'r gwario ar amser yn ddychryn o gyflawniad. Ni bu neb na dim tebyg i'r dyn na chynt nac wedyn. O gydnabod hynny ac edrych ar y ffasiwn gloddfa o weithgarwch, ni ellir yn decach na derbyn yn syml fod peth rwbel yn llwyr anochel. Canys nid yw'r awen emynyddol y prin gyfeiriais ati eisoes (boed honno yn ei choethder neu yn ei charpiau) ond megis codi un rhofiaid fechan yn unig oddi ar lethrau Myddfai, a chofio bod y Mynydd Du a Bannau Brycheiniog wedyn yn aros y tipyn rhaw. Pa obaith yn wir!

*   *   *

Nid gŵr yn nyddu emynau a cherddi a marwnadau yn unig oedd Williams. Gwythïen gref arall ym mynydd ei lafur oedd rhyddiaith. Byddaf yn rhyfeddu weithiau na byddai llawer mwy o sôn wedi bod am Bantycelyn fel ysgrifennwr rhyddiaith. Tybed pam?

Difai syniad fyddai gofyn beth mewn difrif a wnaeth y Diwygiad Methodistaidd i'w ddawn, prun ai mygu'i athrylith ai ynteu ei megino hi? Gwir yw mai cri daer yng nghwrs y Diwygiad oedd honno am ddeunydd cân a moliant; daeth galw clir am emynau newyddion, ac wrth i emynau Williams gael eu hargraffu a'u canu a'u hailargraffu, yna eu cynnwys gan wahanol garfanau enwadol a'u morio rhwng pulpud a chymanfa, rywfodd neu'i gilydd un ai fe anghofiwyd neu fe anwybyddwyd rhyddiaith y Pêr Ganiedydd. Ond o ran dawn (a chynnwys hefyd) y mae rhyddiaith orau Williams gyfuwch bob dipyn â'i emynau cryfaf.

Yn 1767, cyhoeddodd ei lyfr *Crocodil Afon yr Aifft*, gan ddefnyddio'r anghenfil mileingall hwnnw yn ddelwedd o Genfigen, a gwneud hynny ar batrwm John Bunyan i raddau. Eglura Williams yn ddiogel fod y crocodil yn greadur dau fyd, yn gallu byw mewn dŵr ac ar dir. Gwelodd yntau'r creadur hwnnw, nid yn unig yn Afon yr Aifft ond hefyd ar Fynydd Seion. A dyna osod yn daclus Genfigen a'i difrod mewn byd ac eglwys.

Gan amlaf, arferai ysgrifennu rhyddiaith ar ddull deialog, a phan ofyn Percontator i Peregrinus sut y gwelwyd ysbrydoedd mor ddieflig â hynny yn llety'r 'dyn da', hwn yw'r ateb:

Trwy dyllau dirgel, agennau parwydydd, rhwng yr astyllod a thyllau'r cloion, ac ar hyd y stafelloedd ag yr oedd y ffenestri wedi eu cauad; ac weithiau hwy ddeuent i'r parlwr brig yr hwy, cyn ennyn canhwyllau.

'Cyn ennyn canhwyllau'. Odidog ymadrodd! Gyda llaw, roedd Williams yn bur hoff o'r gair 'ennyn'; cymharer '*Enynnaist* ynof dân', 'Does unpeth *ennyn* gariad', 'Ple'r *enynnodd* fy nymuniad' ynghyd â degau o enghreifftiau tebyg.

Yn y llyfr *Hanes Tri Wŷr o Sodom a'r Aifft* (1768) mae ei ryddiaith yn cerdded rhagddi gyda nerth cyhyrog:

Cydwybod yn gwaeddi yn groch fel arthes wedi colli ei chenawon, ac yn rhuo saith mwy na llew fyddai yng ngolwg ei ysglyfaeth.

Fel y gellid disgwyl, ceir adlais cyson o Gymraeg y Beibl yn ei weithiau, fel hwn allan o lyfr Jeremeia:

. . . trachwant a baintiodd ei ffenestri â fermilion gynt.

Wele hefyd y disgrifiad hyfryd hwn o Fidelius, y gŵr oedd orau o bawb am gadw cyfrinach:

Yr un peth oedd dweud cwnsel wrtho a dweud wrth y mur cerrig; fe'i cadwai fel nas cai gwynt afael ynddo.

Bu cryn gyhuddo ar Williams ei fod yn canu'n arallfydol, a bod ei orfoledd yn llwyr allan o gyswllt â byw ar y ddaear hon. Ond edrych arno o un ongl yn unig yw hynny, ac nid dyna'r olwg gyflawn arno o bell ffordd. Mae'n wir y medrai adael meidrolion ymhell o'i afael ac ysgafn esgyn o'u mysg hyd nef y nefoedd. Eto, yn ogystal â hynny, roedd y Williams hwn yn ŵr o gig a gwaed poeth, yn briod a thad, yn bregethwr, yn ffarmwr, yn prynu a gwerthu ar hyd y wlad, yn delio ag argraffwyr, yn pedlera'i lyfrau, yn marchnata te, yn bargeinio, yn dadlau, yn ffraeo, yn maddau, yn gwamalu, yn digio ac yn cymodi. O blith yr holl ddiwygwyr, William Williams Pantycelyn oedd y mwyaf normal. Yn y dyfyniad sy'n dilyn, gwelir gŵr â'i draed ar glai daear yn gweld gorthrwm imperialaeth, ac yn sylwi'n wgus ar raib afresymol cyfalafiaeth gyda'r draul ar y gweithiwr mor anfoesol ag ydoedd o ddifaol:

Rhed dynion ar fôr ac ar dir am y cyntaf at y mammon anghyfiawn; y marsiandwr a rydd ei fywyd i drugaredd y tonnau er mwyn dwyn da yr India yn ôl i'w wlad ei hun; y mwnwr a gloddia i ddyfnder y ddaear, ac a edy wrydion o greigydd heb rifo uwch ei ben, i gael allan yr arian gloewon o'u carcharau saith dyblyg. Y Negroes duon a soddant mewn dyfroedd dyfnion yn noeth, i gasglu graian yr aur o rhwng y llaid, ac yn fynych a gollant eu bywydau wrth gasglu golud. Y toddydd sydd yn gwylied wrth y ffwrnes nos a dydd, heb roi hun i'w amrantau, a'i gnawd yn toddi fel bloneg gan wres y tân, er mwyn pentyrru arian nas gŵyr pwy a'u meddianna.

Yn 1777, ymddangosodd ei ddau lyfr (a'i rai pwysicaf efallai) *Drws y Society Profiad* a *Ductor Nuptiarum*. Bryd hynny, roedd diwygiad rhyfedd wedi deffro Cymru, 'Gwlad Cwsg' chwedl Williams, ac yn *Drws y Society Profiad*, pan yw Theophilus yn holi Eusebius am hanes y cyffro newydd, dyma'r ateb, gyda pheth o'r ymddiddan rhyngddynt yn canlyn:

Eusebius: . . . cwympodd arnom awel felys o gariad yr Arglwydd—llanwyd ni fel miliau ac fel cornelau yr allor—enynnodd tân, a ni a lefarasom â'n tafod. Y cwmwl a ffodd—yr heulwen a dywynnodd—ni a yfasom o rawn-sypiau gwlad yr addewid, ac ni a wnawd yn llawen—darfu anghrediniaeth—darfu euogrwydd—darfu ofn—darfu ysbryd llwfr, anghariad, cenfigen, drwgdyb, ynghyd â'r holl bryfed gwenwynig ag oedd yn ein blino ni o'r blaen, ac yn eu lle daeth cariad, ffydd, gobaith, llawenydd ysbryd, a thyrfa hyfryd o rasusau yr Ysbryd Glân.

Theophilus: A ydyw yr awdurdod hon yn para felly o hyd? *Eusebius:* Mae ysbryd yr Arglwydd yn aros gyda ni, ac yr wyf yn credu yr erys fyth. Gwir yw nid oes mo'r awelon hyfryd hynny mor fynych ag oeddent; ac nid oes o'r un boethder yn y tân; ac nid yw yr hwylus wynt yn chwythu mor danbaid, am fod llai o gnawd yn gymysg o bosibl ag ef, canys ar y cyntaf pan ddaeth ein heneidiau i brofi gwleddoedd y nef fe fynnai y cnawd yntau gael ei siâr . . . *Theophilus:* . . . anafus yw gweld gwraig pregethwr yn falch, yn goeg, yn llygad-drythyll, yn gleberddus, yn fasweddgar ac yn enllibaidd; yn dwyn newyddion o dŷ i dŷ, o wlad i'r llall fel Gazet tros Satan, ac yn dyfod o ddeutu i ddangos ei noethni ei hun, ac i waradwyddo ei gŵr trwy ddangos i'r eglwys ei fod yn diodde' y fath goegen i gael ei hewyllys fel y mynno. *Eusebius:* Onid ydych rai prydiau yn gorfod arferyd disgyblaeth mwy creulon trwy dorri rhai allan o'ch cymdeithas pan fo eu bywydau wedi mynd yn benrydd ac anniben? *Theophilus:* . . . am ryw gwympiadau disymwth na bo gan gredadyn un meddwl blaenllaw amdanynt, ond syrthio iddynt o nerth temtasiwn danllyd a ddaeth fel hurrican o gyffiniau uffern, neu fel llifeiriant diarwybod o fynyddau cig a gwaed, ni ddylid taflu allan yn frwd y cyfryw rai, ond eu ceryddu yn addfwyn . . .

Ar wahân i fater trin eneidiau, a bod yma galon eithriadol hydeiml, y mae yn aros trwy bopeth ryddiaith fawr. (Wrth basio, erys yn y meddwl rai eto o hoff eiriau'r llenor hwn: *gwynt, sŵn, ennyn, creigydd,* ac yn frith trwy ei weithiau, mor fynych y defnyddia'r gair *brefu.*) Wrth drafod lle disgyblaeth yn y Society Profiad gan awgrymu'r ffordd orau o drin yr afradlon, nid damwain o gwbl yw'r dethol sydd ganddo o'r arddodiaid *iddynt, wrthynt, drostynt, arnynt.* Yn hytrach, dyma nod llenor yn trin ei grefft â gofal bwriadus:

. . . [dylid] datguddio *iddynt* waradwydd ac euogrwydd y cyfeiliornad; cydymdeimlo â hwynt, a thosturio *wrthynt*; gweddïo *drostynt*, a thaer ymbil *arnynt* nad elont i'r fath greigydd llithredig byth mwy.

Ni ellir anwybyddu er dim ei lyfr *Ductor Nuptiarum* (neu'r *Cyfarwyddwr Priodas*). Peth symol ddiweddar yw trafod problem rhyw mewn cylchgrawn, ac o gofio'r tabŵ a roed ar faterion rhywiol yn ystod sydetrwydd oes Victoria a chyn hynny, mae'n rhaid bod neilltuo colofn i'r testun yn llygaid y cyhoedd yn beth pur fentrus ar y cychwyn. Ond gyda'r blynyddoedd fe fagwyd hyder, ac aeth yn ffasiwn yn Lloegr i wahodd llythyrau a fyddai'n gofyn am gyfarwyddyd ynghylch trafferthion rhyw, gyda cholofnwyr i'w hateb yn wythnosol, fel Mrs Jim, Evelyn Home a Marjery Proops. Iawn, a theg ddigon, dim ond inni gofio bod Williams Pantycelyn wedi achub y blaen ar bawb, a'i fod ef wedi cyhoeddi llyfr yn trafod rhyw a phriodas a phroblemau teulu mor bell yn ôl ag 1777, a chyn i neb ddychmygu am na *Home Chat* na *Woman's Realm* na *Men Only!*

Yn y ganrif ddiwethaf casglodd J. R. Kilsby Jones bopeth y medrodd gael gafael arno o lafur Williams, a daeth y casgliad allan yn y flwyddyn 1867, yn holwyth o lyfr gyda theitl cyfatebol at hynny: *Holl Weithiau Prydyddawl a Rhyddieithol y Diweddar Barch. William Williams, Pantycelyn.* Ac yno'n ddiogel y mae'r *Ductor Nuptiarum*. Dywed Gomer M. Roberts i John Roberts, Llanbryn-mair, brotestio'n chwyrn yn ystod y flwyddyn ddilynol yn erbyn arddangos y fath lyfr â'r *Ductor Nuptiarum*. Yr oedd cyfrol fel honno a thraethodau tebyg, yn ôl John Roberts, 'â'u tuedd i aflaneiddio'r byd'.

Ymhen ugain mlynedd wedyn fwy neu lai, casglodd N. Cynhafal Jones, yntau, gynhyrchion y Pêr Ganiedydd a'u cyhoeddi mewn dwy gyfrol o dan y teitl *Gweithiau Williams Pantycelyn.* Er cribo'n fanwl trwy'r Gweithiau, nid oes i'w gweld gymaint ag un dudalen o'r *Ductor Nuptiarum.* Y cwbl a geir yw nodi bodolaeth y llyfr wrth restru'r gweithiau rhyddieithol—gweler Cyfrol 1, tud. 15—gyda chyfeiriad niwlog o gynnil yn yr ail gyfrol nad yw'n bwriadu cynnwys 'ei Draethawd ar Briodas'. Yn 1887 y bu hyn. Yn 1777 y daeth hwnnw o'r wasg gan Williams gyntaf erioed. Felly, roedd dros gan mlynedd wedi pasio, a'r *Ductor Nuptiarum* yn dal yn wrthodedig.

Gan hynny, mae'n rhaid diolch i Kilsby Jones fel golygydd am fodloni ar gyhoeddi'r *Ductor Nuptiarum* gyda phopeth arall a sgrifenasai Williams. Trwy hynny, fe wnaeth Kilsby gymwynas wrol â llenyddiaeth Gymraeg, a phair meddwl y gallasai'r gwaith hwn fod wedi mynd i ddifancoll ias yn y galon. Isod, cyflwynir detholiadau o'r *Cyfarwyddwr Priodas*, nid gyda'r bwriad o drafod craffter seicoleg Williams yn gymaint (er bod y seicoleg honno'n ddigon o ryfeddod) ond yn fwyaf arbennig i wylio'r dyn yn sgrifennu rhyddiaith. Mae'r llyfr wedi'i batrymu ar ddull deialog rhwng Mary Eugamus a Martha Pseudogam, y naill wedi priodi 'yn ofn yr Arglwydd' a'r llall 'yn ôl y cnawd'. Pan hola Mary ei chyfeilles sut yr aeth i briodas mor annedwydd, dyma ateb Martha:

> . . . nid am grefydd, nid am feddiannau, nac ychwaith am ei alwad, na'i barch, na'i ennill, y priodais i ef; ond yn hollol o serch gnawdol at ei berson, a thymer anllad ei ysbryd; ac i roi cyflawn wledd i'r wŷn uffernol ag oedd ym mêr fy esgyrn, gan feddwl y parhai honno tros byth, ond hi ddiflannodd fel cydyn o niwl o flaen y gwynt, ac a aeth heibio fel ffagl o dân mewn gwellt . . .

Yn nes ymlaen yn y sgwrs, ceir disgrifiad o gariadlanc Martha yn nyddiau anterth serch:

> . . . Y pryd hynny efe oedd blodeuyn pob cwmpeini; arno yr oedd llygaid holl ferched penweinion y wlad, a rhai gwragedd tan eu hetiau hefyd; a minnau'n eiddigeddu rhag iddo garu neb ond myfi; llawn o siarad a tholach oedd ef â'r benywod; eu traddodi a'u breicheidio, a llygad-

rythu yn eu hwynebau, a'i lygaid yn chwarae fel sêr ar fore rhewllyd.

Mae'r ymgom rhwng y ddwy yn mynd ymlaen galon wrth galon, ac o sawru'r siom sydd ym mhrofiad ei ffrind, y mae Mary yn ailgydio mewn edefyn yng ngorffennol bywyd Martha er mwyn ceisio dadansoddi'r garwriaeth chwithig, a'i holi a oedd hi (Martha) wedi crybwyll wrth rywun am flinder ei phriodas:

Naddo, prin y cas gwynt wybod, cyn taro'r fargen wyllt i ben. Ni welodd yr haul mohonom ni erioed yn caru; ac yr oeddem yn cadw oreu ag allem rhag y lleuad hefyd: tywyllwch dudew nos oedd ein noddfa; ar welyau, mewn ysguboriau, a gwag-dai, gelltydd ac ogofeydd y byddem yn treulio ein hamser wrth ein carwriaeth; lle gallem fod mor gnawdol ag y byddai chwant arnom; ac yna ffoem i'n cartrefle ar doriad dydd, fel llwynogod, neu ryw greaduriaid rheibus eraill, i'n gwelyau, rhag ofn ein hela, ar ôl ein haeddiant.

Yna, wedi trin a thrafod helynt ei haelwyd, dyry Martha, hithau, yn ei thro gwrs ar holi Mary, a dymuno gwybod ganddi gyfrinach y serch hudol oedd rhyngddi hi a Philo Aletheius. Wele bwt o stori Mary:

. . . ni a eisteddasom ar dwmpath glas, ar weirglodd deg a hawddgar; tan bren palmwydden, a'i frig yn taenu drosom fel gorchudd gwyrddlas, a'i ddail yn chwarae gan awel yr hwyr, yn gwneud hyfryd fiwsig i'n clustiau; a hyn oedd yn nyddiau hyfryd Mai pan oedd y ddaear yn arogli fel thus, myr a chasia; yr egin yn tyfu i fyny, ac yn trachtio gwlith fel meddwon yn trachtio gwin . . .

Mae tudalen ar ôl tudalen o'r *Ductor Nuptiarum* yn llawn o drafod ar gariad a serch a rhyw, gyda chilgyfeiriadau cyfrwys at 'fechgynos' ac at 'wragedd gweddwon'—yn wir, at bobun ohonom a aned o gig a gwaed. Dyma enghraifft o gyngor tirion gan Mary ar y dull y dichon Martha ymarfer seicoleg pan yw ei gŵr mewn tymer led anwadal:

Ac os byth y daw ef adref yn uchel mewn diod, na ro iddo ond geiriau hawddgar a mwyn; a chydymdeimla ag ef fel pe buasai wedi bod mewn rhyfel. Os cwympodd, os doluriwyd ef, na erlid, ac na chondemnia mohono, ond tosturia wrtho, helpa, cynorthwya ef, glanhâ ei ddillad, elïa ei glwyfau, bwyda, a chynhesa ef, a dwg ef yn glyd i'w orweddfa; ac fe delir hyn o garedigrwydd i ti yn ôl gan Dduw ryw bryd, ac f'allai ganddo yntef ei hunan cyn nos drannoeth.

Ar wahân i ddim doethineb a draethodd, ar wahân i'w ddawn seicoleg, a bod ei ddiwinyddiaeth beth y bo, erys un ffaith yn amlwg eglur fod Williams Pantycelyn yn medru sgrifennu rhyddiaith, rhyddiaith pan yw ar ei gorau mor nerthol ag unpeth a greodd Morgan Llwyd, Elis Wynne neu Theophilus Evans.

Ar ddiwedd y mymryn sylw a roddais i ganu Pantycelyn, addefais nad oeddwn wedi codi dim ond rhyw un rhofiaid allan o'i emynyddiaeth. Yr hyn sy'n siglo dyn yw na chodais ychwaith ond rhyw un baliad o'i ryddiaith. A bod y Mynydd Mawr heb ei gyffwrdd o ran dim a greithiwyd arno. Mynydd sydd weithiau'n glaer o dan eira, ac weithiau'n cuchio trwy niwloedd. Ar dro, mae'n fynydd drycin gyda ffrydiau fel llaeth yn tasgu o'i 'greigydd', dro arall mae'n fynydd goleulon a'i geseiliau'n dangnefedd cynnes. Mynydd sy'n dwnelau o arian ac aur a phlwm. Yn folcanig at hynny.

*   *   *

Bu Williams farw ar Ionawr 11eg 1791 yn 74 mlwydd oed, a chafodd ei gladdu ym mynwent Llanfair-ar-y-bryn, sydd heb fod ymhell o dref Llanymddyfri.

142

Bûm wrth fedd fy hen arwr dair gwaith i gyd. Y tro cyntaf yng nghwmni Eirian ar y bore rhiniol hwnnw o Fai ar ôl ymweld â ffermdy Pantycelyn. Yr ail dro, roedd hi'n Ionawr, a'r eira'n drwch dros fryniau Sir Gaerfyrddin. Fel y gellid disgwyl, byddai cnwd glân felly'n wefr i awen Williams, ac yn hwyr neu'n hwyrach a chyn sicred â thynged, byddai wedi'i ddelweddu mewn emyn:

> Golchi'r ddu gydwybod aflan
> Lawer gwynnach eira mân . . .

> Mi ddof allan
> Fel yr eira ar y bryn.

Ar y trydydd ymweliad â'r gladdfa, roedd hi'n haf deiliog. Wrth gerdded at ei fedd, gwelwn ddau ŵr ger mur y fynwent wrthi'n trafod llif ac ysgol a rhaffau. Deallais gan y dynion fod beddfaen Pantycelyn mewn perygl o gael ei ddifrodi am fod coeden fasarn gyfagos yn debygol o gwympo ar y gofeb. A'u tasg hwy gan hynny oedd llifio'r pren gan bwyll o'i frig, a'i noethlymuno felly hyd y llawr.

Erbyn diwedd y pnawn, nid oedd dim yn aros bellach ond llathen o foncyff. Ar ôl crybwyll wrth y gweithwyr f'edmygedd o'r Williams mawr, yn sydyn dyma un o'r cyfeillion yn tanio'i beiriant a llifio o'r fasarnen dafell gron, ddwy fodfedd o drwch. Wedi diffodd y llif, tynnodd y brawd y dernyn oddi ar y boncyff a'i gyflwyno i mi er cof am f'eilun. Bendith arno.

Yn y man, wedi gosod y pren ar ei wastad yng nghist y car, roeddwn yn gyrru ar y daith hir tuag adref gan basio trwy'r ardaloedd coediog a fu gynt mor gyfarwydd i'r Pêr Ganiedydd. Wrth droi ar y dde yn Llanwrda ac anelu am Bumsaint, meddyliais am Dalyllychau oedd yn is i lawr am y gefnen â mi. Meddwl wedyn am Thomas Lewis a fu'n of yn y pentre hwnnw. Adrodd wrthyf fy hun ei emyn grymus, 'Wrth gofio'i riddfannau'n yr ardd . . .' gan ryfeddu at y cyflawniad. Am y milltiroedd nesaf, bûm wrthi'n datgymalu pob llinell er mwyn dal ar eirfa'r gof yn trafod heyrn ar yr engan: *'chwys* fel defnynnau o *waed'* . . . *'aredig* ar *gefn'* . . . 'a'i *hoelio* ar groesbren' . . . 'pa galon mor *galed* na *thodd* . . .' Wyth llinell yr emyn wedi eu hasio'n solet gyda geiriau poethion gefail y gof, a minnau'n llywio o drofa i drofa wedi dotio ar y Thomas Lewis hwnnw.

Wrth foduro ymlaen am Lanbedr Pont Steffan, dechreuais ollwng rhaff i'r dychymyg. Gwelwn Williams Pantycelyn yn marchogaeth o gyfeiriad Llansawel, lle bu ei gariad, Mali (Mary Francis) ar un adeg. Wrth dynnu am Dalyllychau, ei geffyl yn cloffi'n ddrwg . . . Williams yn dod i lawr o'r cyfrwy, a gweld bod yr anifail wedi colli pedol. Y ddau'n hercian yn eithaf llafurus nes cyrraedd yr efail yn Nhalyllychau lle'r oedd Thomas Lewis yn morthwylio ar bwys ei bentan.

Dyfalu'r sgwrs rhwng y ddau . . . trafod ceffylau a ffeirio ambell emyn, efallai. Thomas Lewis yn ddyn ifanc cydnerth, a Williams bellach wedi llesgáu ar ôl blynyddoedd maith o dramwy. Y ceffyl yn cael ei bedoli'n grefftus, gydag aroglau llosgi'r carn yn llymsur yn awyr yr efail. Y gof yn cael ei dâl am ei lafur parod, a'r ceffyl, wedi'i borthi a'i ddiodi, yn derbyn ei feistr blinedig i'r cyfrwy. Williams yn ffarwelio'n ddiolchgar, a'r gof yn syllu ar sigl cefn y marchog hynod nes i glepian y pedolau ddarfod yn y pellter. Ai hwnnw fyddai'r tro olaf un tybed?

Minnau, wedi gyrru trwy Lambed heb brin sylwi ar y dref, yn troi i fyny am Dal-sarn cyn dod i lawr at bentref Llanrhystud . . . ymlaen tuag Aberystwyth, Machynlleth, Dolgellau a'r Ganllwyd goediog gyda'r siwrnai'n dirwyn fel breuddwyd. Tra bu'r cerbyd yn nyddu'i ffordd fel ceffyl hengall, roeddwn i wedi bod yn ail-fyw y sacrament wanwyn honno wrth ffynnon Pantycelyn. A bellach yn trysori'r darn pren masarn a fu'n cysgodi'i fedd ef a Mali am ganrif a mwy . . .

Wrth ddynesu at fro fy nghartref yn Eifionydd, gwyddwn fod y masarn urddasol i'w gweld hyd ochrau'r Lôn Goed hefyd. Ond am un waith, roedd yn rhaid cydnabod nad oedd gan Lôn gyfareddol fy mebyd un fasarnen i'w chymharu â'r tafellyn pren a gludwn i'm canlyn y diwrnod hwnnw o Lanfair-ar-y-bryn.

Eto, pe gofynnid barn yr 'Hen Bant' ei hunan am y pethau hyn, ei ddedfryd fyddai 'teganau gwag y byd'. A phrun bynnag, canu am Ffynnon arall yr oedd ef. A Phren arall, o ran hynny.

COED BRYNTIRION

Rydym yn byw 'rhwng dwy afon yn Rhos Lan' ers chwarter canrif bellach. Saif yr hen fwthyn (gyda'i waliau'n llathen mewn trwch) ar derfyn deugae sy'n eiddo i gymdogion o'r ddeutu. Yn arwain tua'r bwthyn o'r ffordd fawr y mae llain hirgul, agos at ganllath o hyd, a honno'r pryd hynny'n agored i'r tywydd ac yn llwyr ddigysgod.

Ar un ochr i'r llain, roedd gwrych yr arferid ei gropio'n isel. Ond yr hyn a wnaethom ni o'r cychwyn oedd gadael i'r gwrych dyfu wrth ei bwysau, a chyda'r rhyddid hwnnw dechreuodd natur ymagor a thewychu'n glwm o frigau drain, y duon a'r gwynion. Cododd y rhosyn gwyllt a'r gwyddfid eu pennau, a grymuso'n odidog. Daliodd y coed eirin, hwythau, ar eu cyfle dan ymganghennu'n ffrwythlon.

Ar ochr arall y llain, yr oedd clawdd terfyn llydan o bridd a cherrig-tir, gyda gwelltiach ac eiddew a mwsogl drosto. Bryd hynny, ar wahân i bedwar neu bum glasbren eiddil a dyfai ar ben y clawdd, doedd yna ddim coeden gwerth sôn amdani ar gyfyl y fangre. Fel y rhoed rhyddid i'r gwrych dreiniog yr ochr arall, felly hefyd y cafodd gwiail yr ynn a'r deri ar ben y clawdd lonydd i ddatblygu'n goed cedyrn a deiliog.

O dipyn i beth, aethom ati i osod yn naear y llain, hithau, blanhigion lelog, ceirios, criafol, dendron, nifer o binwydd a choed mêl (*buddleia*). Llifiodd fy nghefnder, Twm, dair sawdl o'r pren afal oedd ganddo yn Nhudweiliog, a phan blannwyd y sodlau hynny ym mhridd Rhos-lan, daeth darn o wlad Llŷn i ddaearu yn Eifionydd. Am y blodau sy'n gawod wen dros y tri phren afal bob gwanwyn, mae'n amheus gennyf a welodd Eden erioed unpeth mwy gogoneddus. A phan ddaw terfyn haf, bydd cannoedd ar gannoedd o afalau'n iwrwd ar bob brigyn.

Rwy'n dirgel gredu bod y tri phren hyn yn dipyn o gymeriadau. Yn un peth, mae'r cannoedd, onid y miloedd afalau sy'n ymddangos yn flynyddol yn ffrwytho y tu hwnt i bob rheswm. Un hydref, roedd trwch y cynnyrch mor ddwys

Cynefin y bywyd gwyllt yng nghoed Bryntirion

nes i gangen fferf dorri'n glats o dan bwysau'i hafalau hi'i hunan. Bedair blynedd yn ôl, aeth y tair coeden dros ben llestri'n llwyr. Er inni gasglu basgedeidiau o'r ffrwyth, a rhannu llawer rhwng ffrindiau, nid oedd awgrym fod y cnwd yn mynd ronyn llai, gyda'r canghennau'n hongian o hyd o dan afalau. Daeth gwyntoedd hydref i flingo'r coed o'u dail yn lân, ond er hynny daliai'r brigau noethlwm yn dynn wrth eu ffrwythau. Curodd stormydd Tachwedd a Rhagfyr ar y llain, eto i gyd roedd yr afalau'n dal yn felynion ar y coed di-ddail.

Yn gynnar ar bnawn byr trannoeth y Nadolig, clywyd curo annisgwyl ar y drws. O'i agor, gwelwn wraig weddol ifanc, Saesnes, yn sefyll o'm blaen, camera dros ei hysgwydd a'r sbaniel sydd gennym yn ymhél yn bowld â godreon ei sgert. Roedd y wraig yn nacáu imi glymu'r sbangi wrth ei gadwyn am iddo'i chroesawu mor eiddgar wrth giât y ffordd, meddai hi. O holi beth oedd enw'r creadur brwd, ac i minnau ateb 'Nedw', mynnai wybod ystyr enw o'r fath. Eglurais innau mai rhyw ffurf anwes ar 'Edward' oedd 'Nedw'—ond ymateliais rhag cyfeirio at lyfr Tegla Davies am y gallai hynny gymhlethu pethau'n ddiangen. Wrth ein cyflwyno'n hunain mewn enw a chyfenw iddi, ni chofiaf a roes hi ei henw'i hun ai peidio, ond gwn iddi ddweud amdani'i hunan, 'I'm a poet', a'i bod wedi dod ar sgawt foduro o hen Sir y Fflint.

Wrth egluro diben ei hymweliad sydyn â ni, esboniodd fod ei llygaid wedi taro ar goeden noethlwm diwedd blwyddyn ar ein libart, a sylwi bod y brigau'n drymion o dan gnwd afalau melyn. Am na welsai unpeth mor eithriadol yn unman erioed o'r blaen, roedd hi wedi stopio'r car a mentro dod at y tŷ am ganiatâd i dynnu ffotograff o'r coed afalau. Wedi clician ei chamera gryn ddwsin o weithiau, aeth y ferch ddieithr ymlaen i'w thaith yn ddiolchgar.

Yn ystod yr wythnos ddilynol, cawsom gerdyn oddi wrthi gyda darlun arno o waith Pieter Bruegel, *Hunters in the Snow*, 1565, gyda'r ysgrifennu hwn, air am air, ar y cefn:

> To Mr Mrs R. Williams, Bryn Tyrion, Rhoslan, Near Criccieth, Gwynedd.
> I'll send 'photos of the apple trees, D.V.
>
> EDWARD, English spaniel called Edw,
> Dashed down your drive, barking, but I knew
> Welcome for this stranger warned you of no danger!
> A benevolent, furry, flurry—
> Racing back and forth—from malice free,
> Dog, guarding loyally home's blessed prosperity.
>
> 27.12.92   7.30 a.m.
> C H R. Edward means 'Guardian of happiness & prosperity'.

Ni chlywais ar ôl hynny oddi wrth y wraig a'r camera. Ond y noson honno, tynnais innau ffotograff o'r coed afalau rhyfeddol gyda fflacholau yn erbyn awyr dywyll y nos, er cof.

Rwy'n ysgrifennu yn y cywair hwn, nid am fy mod na garddwr na botanegydd, ond i fynegi hyn: am i bopeth o fewn

148

llain Bryntirion gael llonydd i dyfu yn ôl ei ffansi, gydag amser dechreuodd y fan fagu math o gynefin, a'r canlyniad fu i deulu cymysg byd natur gymryd at y lle. Yn eu tymor codai'r blodau o'u gwelyau ar hyd a lled y llain—lliw gwyn yr eirlys cynnar, melyn llygad Ebrill, carn yr ebol a briallu, coch bysedd y cŵn a blodyn y taranau, glas y crinllys a chlych yr eos, heb anghofio clytiau o ddanadl poethion a thafol, llwyni'r wermod wen, grugoedd ac eithin.

O'r herwydd, denodd coed Bryntirion dylwyth amrywiol o blant natur, adar, fel enghraifft: robin goch, titw, drudwy, dryw, ji-binc, sigl-ei-gwt, y durtur dorchog, nico, adar to, mwyalchen, bronfraith, llinos, bras melyn, piod, brain, yr wylan a'r dresglen. Yn y gwanwyn, daw'r wennol i wibio o gylch y lle (deliais un oedd wedi dod i'r tŷ un waith—anhygoel o brydferth); bryd hynny hefyd, daw'r gog i ganu led cae i ffwrdd yng nghoed Ynys Heli. Ar nos o haf, gwelir yr ystlum yn hedfan trwy'r gwyll—yn syth i fyny ac i lawr y llain, gyda llaw, nid fyth ar ei hytraws, am ryw reswm. Coron ar bopeth i ni yw gweld yn y goedwig fach hon nythod gan sawl math o adar.

Yn ogystal â dod yn gynefin i adar, daw i'r coed a'r llwyni amrywiaeth o bryfetach fel y gwynfynnod, glöyn byw, gwenyn, cacwn, morgrug, a'r pry copyn sydd â'i we ar ôl noson wlith yn rhwydi perliog rhwng pigau'r brwyn a'r crawcwellt; hyfryd yn ogystal yw gweld gwas y neidr yn hofran, a'r fuwch goch gota'n pensynnu.

At hynny wedyn, yn sgil y coed a chysgodion tywyll y llwyni, daw nifer o greaduriaid yma i gartrefu, fel y gwningen (pan nad yw clefyd erchyll y *myxomatosis* ar gerdded), y twrch daear, llygod y maes, pryfed genwair, llyffaint a'r wiwer lwyd. Un tro, ar ysgwydd y clawdd pridd, codais lathen o wisg sidan-fain yr ymlithrodd neidr-ddafad allan ohoni; cedwais honno gyda balchder nes o'r diwedd i'r sidan ymchwalu'n llwch rhwng fy mysedd.

Bu'r draenog yn byw yma'n ddiddig nes i Nedw'r sbaniel ddarganfod ei wâl un min nos. Rhedodd y sbangi at y tŷ gyda'r draenog mwyaf a welais erioed yn ei safn. Y funud honno, gwyddwn fy mod yn wynebu problem ddieithr hollol, ac un anodd ar y naw: sut mae cael draenog allan o geg ci? Os yw ci wedi cipio unrhyw brae rhwng ei ddannedd, nid ymedy â hwnnw dros ei grogi. O fod wedi cadw cŵn o wahanol frid dros hanner can mlynedd, gwyddwn o brofiad chwerw mai peth gwirioneddol beryglus yw beiddio tynnu oddi ar gi ysglyfaeth y mae wedi'i gipio yn ôl ei reddf o'r bywyd gwyllt. Am ryfygu felly (cyn i mi gallio) mae gennyf greithiau ar fy nwylo i brofi fel y dichon y creadur hwnnw ddryllio cnawd ac asgwrn ar un cythriad. Pan fratho sbaniel, y mae'r genau cryfion yn cloi fel feis, ac nid ar chwarae bach y bydd yn llacio'i afael, hyd yn oed ar law ei feistr ei hunan.

Y broblem y min hwyr hwnnw oedd cael sbaniel i ollwng gafael ar ddraenog! Pe cydiwn yn y draenog cawn f'archolli gan y pigau enbydus sydd drosto. Ond, a chaniatáu y byddwn mor ffodus â llwyddo i dynnu'r creadur pigog o safn y sbangi, byddai'r ci ar yr un darn-eiliad yn cythru'n chwap i'm llaw a'i rhwygo â ffyrnigrwydd sy'n frawychus.

Beth, felly, ellid ei wneud? Daeth yr ateb imi'n od o syml: cuddio bwced blastig o'r tu ôl yn fy llaw chwith, gyda'm llaw dde'n dal tamaid o gig uwchben y ci. Unwaith y ffroenodd beth felly, gollyngais yr abwyd i gyfeiriad ei safn. Wrth iddo agor ei geg i gipio'r cig, roedd yn diarwybod ollwng y draenog i'r ddaear, ac ar yr union eiliad honno y trewais innau'r bwced blastig dros y draenog, a'i gynnwys gan bwyll yn y bwced ac allan o afael Nedw.

Creded a gredo, am bum nos yn olynol, dôi'r sbaniel tua'r tŷ a draenogod llai yn ei safn—plant, bid siŵr, oedd y rheini. Ond trwy lwc, fe weithiodd tric y cig a'r bwced blastig bob tro. Y tristwch, fodd bynnag, oedd imi orfod symud y draenog a'i dylwyth mewn bocs allan o lain Bryntirion i gychwyn bywyd newydd yn un o gorsydd Rhos-lan.

*   *   *

Am i oesoedd pell yn ôl fynnu mai'r coed yw ysgyfaint y ddaear, barnodd y gwybodusion nad oedd tybiaeth o'r fath ond

150

ffansi ddychmygus byd mytholeg. Erbyn heddiw, derbynnir y syniad 'ysgyfaint' fel ffaith ecolegol, a chyhoeddir ei bod yn hwyr bryd gwarchod y coedydd sydd gennym, ac y dylid plannu cymaint ag a ellir ohonyn nhw cyn iddi fynd yn rhy hwyr arnom.

Er mai saer coed oedd fy Nhad, a'm bod innau fel pawb arall yn dibynnu'n drwm ar bren gogyfer â gwneud bwrdd a chadair a grisiau a silffoedd, eto byddaf yn profi ias o chwithdod o weld coeden yn cael ei bwyellu. Ar wahân i ddinistrio harddwch wrth ei chwympo, y mae yno hefyd ddinistrio ar beth byw.

Ddechrau'r ganrif ddiwethaf, safai George Morris wrth ymyl coeden y bu'n chwarae llawer o'i chwmpas pan oedd yn blentyn. Craffodd ar y canghennau y byddai'n crafangio amdanyn nhw wrth ddringo i'w phen yn ei fachgendod. Cofiai hefyd fel y rhedai ati am gysgod os dôi cawod law. Yna'n sydyn, gwelodd weithiwr yn dod i'w gyfeiriad wedi'i arfogi â bwyell-goedio, ac ar fwriad o gwympo'r pren. Dywedir i George Morris sefyll rhwng y fforestwr a'r hen goeden gan bledio arno i atal ei law a'i harbed, ac mai cyffro felly sydd yn y pennill hwn ganddo:

> Woodman, spare that tree!
> Touch not a single bough!
> In youth it sheltered me,
> And I'll protect it now.

Mae'n wir nad mewn argyfwng fel George Morris y nyddodd John Thomas, Pentrefoelas, ei bennill ef; yn hytrach bu'r hen glochydd hwnnw'n ymdrwytho ym mhenodau serch 'Doethineb Solomon' nes i'r adlais felysu pob llinell o'i emyn:

> Pwy welaf fel f'Anwylyd,
> Yn hyfryd ac yn hardd,
> Fel ffrwythlon bren afalau'n
> Rhagori ar brennau'r ardd?

Ces eistedd dan ei gysgod
Ar lawer cawod flin;
A'i ffrwyth oedd fil o weithiau
I'm genau'n well na gwin.

Cameo gyda'r hyfrytaf, yn wir.

O ystyried, onid oes gyfeirio mynych yn y Beibl at y coed? Ar ddechrau'r Hen Destament yn Llyfr Genesis, ceir y geiriau hyn: 'ac yr oedd pren y bywyd yng nghanol yr ardd'. Ar ôl cannoedd o benodau wedyn, nes cyrraedd pen draw'r Testament Newydd yn Llyfr y Datguddiad, ceir y disgrifio hwn: 'Ar ddwy lan yr afon yr oedd pren y bywyd'. Mae'r ddwy enghraifft uchod allan o ddau begwn y Llyfr Mawr yn cyfeirio at 'bren y bywyd'. Pan yw dyn yn cwympo coeden, gall ar yr un pryd fod yn difetha hanes, gall fod yn difetha cysgod, ond yn bennaf dim, y mae'n difetha bywyd ei hun. Os yw'r fforestwr am fynnu ennill coedyn, yna y mae o raid yn mynd i golli coeden.

Sonia'r salmydd am ŵr chwit-chwat oedd 'yn rhodio yng nghyngor yr annuwiolion, yn sefyll yn ffordd pechaduriaid ac eistedd yn eisteddfa'r gwatwarwyr'. Gŵr gwibiog, di-ddal oedd hwnnw, heb aros yn ddigon hir yn unman i fedru tyfu, a gorffen mewn man lle na fedrai fagu gwreiddiau.

Mae'n f'atgoffa braidd am blanhigyn y *tumbling tumbleweed* yn Ne America. Ar y cychwyn, fe genfydd hwnnw lecyn llaith i wreiddio a blodeuo, ond pan ddaw sychder, fe dynn ei wreiddiau i mewn iddo'i hunan gan adael i'r gwynt ei yrru igam-ogam fel pellen ar draws y diffeithwch. Gyda lwc, os caiff gilfach ffafriol, fe all wreiddio a grymuso eilwaith, ond gyda thro ar fyd, bydd y planhigyn rhyfedd yn tynnu'i wreiddiau allan o'r ddaear unwaith yn rhagor i'w chwipio hwnt ac yma ar hyd y peithdir, ac erbyn y diwedd ni bydd dim yn aros o'r chwynnyn crwydrol ond bwndel o wreiddiau crinion.

Disgrifia'r salmydd gymeriad di-saf felly 'fel mân us, yr hwn a chwâl y gwynt ymaith'. Ond yna, wrth feddwl am un sy'n gwbl wahanol i'r brawd gwibiog, di-ddal, gwêl ef y gŵr hwnnw 'fel pren wedi ei blannu ar lan afonydd dyfroedd'. Mae cymhariaeth gyfoethog y bardd Hebrëig yn pwyntio at rywbeth sy'n gyson sefydlog, sef coeden ar fin afon sy'n solet yn ei hunfan o ddydd i ddydd ac o dymor i dymor.

Mae gair y bardd yn un cwbl ddethol: *plannu* sy'n digwydd yn ei salm, nid claddu. Delio â'r marw a wneir wrth gladdu, ymwneud â'r byw sy'n digwydd wrth blannu, gyda phlanhigyn y goeden yn uned gyfan o egni ac o fywyd. Onid oes gwahaniaeth gwaelodol rhwng coeden a pholyn? Darn wedi'i dorri allan o'r uned gyfan yw polyn, a gellir symud hwnnw'n ddifalio o le i le, a'i luchio o fan i fan; gall fynd ar goll hyd yn oed, a phydru allan o fod.

Cofiaf y lein-ddillad honno yn yr ardd gartref yn y Gwynfryn, a phob pen iddi wedi'i sicrhau wrth ddwy goeden dderw nobl. Gwelaf hefyd y polyn-lein a wthid i'r canol gan godi'r dillad gwlybion yn uwch er mwyn iddyn nhw ddal ar y sychwynt. Daw yn ôl i'r cof fel y byddai'n hwyl gennyf fynd â'r polyn-lein i'm canlyn, ac yna'i ddefnyddio fel math o bont imi lamneidio o ben y clawdd a'm bwrw fy hun drwy'r awyr nes glanio, lathenni i ffwrdd yn y cae islaw. Ar ddiwrnod golchi dillad, clywais Mam yn galw droeon, 'Robin! Ple mae'r polyn-lein?' Ond ni chlywais mohoni erioed yn gofyn ple'r oedd y goeden dderw. Roedd derwen yr ardd yn sefydlog trwy'r blynyddoedd, wedi magu gwraidd a changhennau a rhisgl a dail.

Mae coeden yn tynnu nodd o'r pridd, yn sugno lleithder o'r gawod, yn anadlu o'r aer ac yna'n amdroi hwnnw'n ôl i'r awyrgylch yn ocsigen bywiol i ddyn ac anifail. Dihafal hefyd yw arogleuon gwahanol brennau'r goedwig, weithiau'n drwmchwerw, weithiau'n fêl-felys, ac am yr ýstor (*resin*) gludiog a fydd, ar dro, wedi torri trwy risgl pinwydden, mae'r aroglau antiseptig yn hyfrydwch gyda'r pereiddia'n bod. (Cofiaf gerdded trwy winllan binwydd ger Cenchrea yng ngwlad Groeg, a sylwi ar gafn metel bychan ynghlwm wrth bob boncyff ar gyfer dal diferion trwchus yr ýstor. Pa ryfedd i'r Groegwr ymffrostio cymaint yn ei *retsina*!) Ond i hyn y daw hi ym mhob gwlad—lle bynnag y tyf coeden, y mae honno'n bresenoldeb pendant, ac yn fendith o beth.

Gellir ei mawrygu ymhellach am ei chadernid, am y cysgod a gynigia, ynghyd â'r prydferthwch sydd o'i chwmpas. Mae iddi sŵn a swae mewn awel, a gall ochain a siglo mewn drycin; eto, deled beth a ddaw, yno y mae hi drwy bopeth. O weld yr ardal o'i chylch yn newid yn ôl ffansi ffôl llawer cyfnod, mae'r goeden wrth oroesi pawb wedi magu hynafrwydd a hanes, a bron na ellir mynnu bod ganddi 'bersonoliaeth'.

Yn y gyfrol *Cartrefi Cymru*, un o'r aelwydydd enwog yr ymwelodd O. M. Edwards â hi oedd Dolwar Fach, lle ganed Ann Griffiths. (Gyda llaw, pan ddaeth y llyfr hwnnw o'r wasg yn 1896, fel Dolwar Fechan y cyfeiria'r awdur at y lle'n ddifeth. Erbyn 1905, wrth gyhoeddi *Gwaith Ann Griffiths* yng *Nghyfres y Fil*, y mae wedi derbyn yr enw Dolwar Fach.)

Wrth gerdded bryniau Maldwyn a dilyn llwybr rhwng y gwrychoedd, daeth O. M. Edwards at lidiart, sylwi ar 'fanadlen Ffrainc yn crogi uwch ei ben' (manylyn cwbl nodweddiadol o'r teithiwr o Goed-y-pry) ac yna dod i olwg cartre'r emynyddes gyda'r disgrifiad hwn:

> Ychydig yn nes i lawr, ar waelod y dyffryn bychan, y mae'r adeiladau,—yr ysguboriau, y beudai, yr helm drol,—rhai ohonynt fel yr oeddynt pan oedd Ann Griffiths yn dysgu cerdded gyda'r muriau. Yn nes i lawr y mae'r cadlesoedd dan gysgod pinwydd . . . Prysurais i lawr at yr adeiladau gan groesi'r ffrwd sy'n rhedeg o'r ffynnon, dyfroedd gloew fel y grisial welodd Ann Griffiths lawer blwyddyn . . .

Mae'n amlwg fod y defnyddiau i gyd wrth law yn Nolwar Fach, a bod Ann yn gyfarwydd â'r coed pinwydd a'r dŵr rhedegog. Wrth iddi ymgolli yn y Beibl, roedd adnodau'r Llyfr Mawr yn angerddoli dychymyg y ferch, a phan fyfyriodd uwchben y salm gyntaf un, gwelodd fod pennill i'w hemyn yno yn ei grynswth.

Er bod y cyfieithiad Cymraeg diweddaraf o'r Beibl wedi cywiro ac ystwytho cryn dipyn ar y Salmau, hon oedd yr adnod a ddarllenodd Ann Griffiths yn ei chyfnod hi:

Ac efe a fydd fel pren wedi ei blannu ar lan afonydd dyfroedd, yr hwn a rydd ei ffrwyth yn ei bryd; a'i ddalen ni wywa.

Canfu hithau'n syth fod delwedd 'plannu'r pren' yno'n barod ar gyfer ei hemyn nesaf.

Wrth weithio ar unrhyw ddelwedd, mae gofyn gofal mawr rhag i syniad neu air amherthnasol gymysgu'r darlun, a'i ddifetha. Sylwer, er enghraifft, ar Benjamin Francis yn agor emyn gyda llinell eithaf cadarn, 'Dilynaf fy Mugail trwy f'oes . . .' sy'n ddelwedd gartrefol o ddafad yn glynu wrth ei gwarchotwr. Ond ar ddiwedd yr ail bennill, cawn y llinell 'F'anrhydedd yw canlyn yr Oen'. Heb na rhybudd nac esboniad, mae'r *Bugail* wedi troi yn *Oen* nes drysu'r ddelwedd yn bur arw.

Yr oedd Ann Griffiths, fodd bynnag, yn sicrach o'i dawn, ac mewn pedair llinell fe weithiodd ar bennill gwir syfrdanol heb wyro odid ddim oddi wrth ddelwedd plannu coeden:

Gwna fi fel pren planedig, O! fy Nuw,
Yn ir ar lan afonydd dyfroedd byw;
Yn gwreiddio ar led, a'i ddail heb wywo mwy
Yn ffrwytho dan gawodydd dwyfol glwy.

Yn y Rhagymadrodd i'r gyfrol *Gwaith Ann Griffiths*, eglura O. M. Edwards fel hyn: 'Y mae'r emynau yn union fel y maent yn llyfr John Hughes, ond fod atalnodau a phrif lythrennau wedi eu rhoi o'r newydd. Y mae'r gwallau yma i gyd, ac y mae'r emynau fel yr oeddynt cyn i neb feddwl am eu cywiro i'r cyhoedd a'r wasg.'

Ar ddechrau trydedd linell y pennill uchod, '*Ond* gwreiddio ar led . . .' sydd yn y gwreiddiol. Eto, nid yw hynny nac yma nac acw. Fe awgrymais gynnau i Ann Griffiths weithio ar ei hemyn 'heb wyro odid ddim oddi wrth ddelwedd plannu coed'. Ond tybed na chafodd hithau gaff gwag bychan?

Ar derfyn eitha'r pennill, gellir derbyn mai gafael ei Christ arni a barodd i Ann ildio i'r ddeuair 'dwyfol glwy', ond gellir dadlau nad yw'r ffigur o 'glwy' yn ieuo'n esmwyth iawn â'r ddelwedd o 'gawodydd'. (Craffer ar Bantycelyn yn trin syniad o'r fath: wrth ofyn i'r 'Arglwydd mawr' ddihidlo 'o'r nef i lawr gawodydd pur', gedy i'r rheini wedyn ddisgyn ar yr 'egin grawn' nes eu bod hwythau, o ganlyniad, 'yn tarddu'n beraidd iawn o'r anial dir', gyda'r ddelwedd yn solet yn ei lle hyd sillaf ola'r emyn.)

Rwyf wedi sôn eisoes am y coed sydd wedi'u tyfu ym Mryntirion allan o hadau a godwyd mewn tiroedd dieithr fel Bwlgaria, Y Swistir a'r Eidal. Yn ogystal â rhyfeddu at brydferthwch coeden, ni ddylid anghofio'r digwydd pwysicaf yn hanes y pren, sef rhoi 'ffrwyth yn ei bryd'. A'r hyn a gynhyrcha'r goeden bryd hynny yw parhad o'i hunion fyd hi'i hunan; dyry'r dderwen fes, y gollen gnau a'r afallen afalau.

Mae'n debyg mai Catrin, yn anuniongyrchol, oedd achos yr ymhél hwn â phlannu coed yn ein hanes. Pan aeth hi, dros ddeng mlynedd ar hugain yn ôl bellach, ar daith-ysgol i'r Aifft ac Israel, dychwelodd adre gyda bagiaid o gofroddion lliwgar a brynodd hwnt ac yma ar ei chrwydr. Wedi arllwys geriach y swfenîr ar y bwrdd, gwelwn yn eu mysg ffrwythyn caled y 'mochyn-coed', ac eglurodd Catrin iddi godi hwnnw mewn llannerch goediog rywle rhwng Bethlehem a Jericho. Pan sychodd hwnnw yn ystod y gaeaf ar y silff-ben-tân, plennais yr hadau a ddaeth allan ohono mewn potiau, ac erbyn heddiw mae'r rheini'n gedrwydd tal yng nghoedlan Bryntirion.

Bob hyn a hyn, byddaf yn edrych ar y cedrwydd hynny gan ryfeddu o'r newydd am i'r rheini gychwyn yn naear Israel bell, a'u bod wedi cartrefu mor hyfryd 'rhwng dwy afon yn Rhos Lan'. Bob hyn a hyn hefyd, wrth graffu ar y coed estron, byddaf yn hel meddyliau a dyfalu tybed a basiodd Iesu o Nasareth heibio i'r ffordd honno rhwng Bethlehem a Jericho?

Tybed a fu Mab y Saer wrthi'n ei weithdy yn plaenio trawst o deulu cynnar, cynnar y cedrwydd hyn? Tybed, ar bnawn tesog, na bu iddo yntau eistedd am sbel o dan eu cysgod?

Dychmygu gor-eithafol, bid siŵr. Ond eto, fe erys un ffaith yn ddiogel sicr—mai o'i wlad Ef y daeth y cedrwydd sydd gennym ni yng nghoedlan Bryntirion. Wrth ddidol ei stoc enfawr o blanhigion, tybed a oedd gan John Maughan estrones neu ddwy pan oedd wrthi'n plannu'r Lôn Goed?